미남교수의

스토리텔링 프레지 프레젠테이션

미남교수의

스토리텔링 프레지 프레젠테이션

신종우

대한나래출판사

서 문

강연장에서 청중을 매료시키는 설득력 있고 효과적인 프레젠테이션을 할 수 있게 된다면 발표자로서 더 이상 행복한 일은 없을 것이다. 프레젠테이션이란 자신이 전하고자 하는 메시지(내용, 정보, 자료 등)를 청중에게 전달함으로써 그들에게서 동의와 함께 합당한 행동을 이끌어 내는 작업이자, 효과적인 전달 매체를 사용하여 제한된 시간에 내용을 정확하게 전달하고, 그 결과 판단과 의사결정까지 유도하는 커뮤니케이션 기술이라고 할 수 있다.

좋은 프레젠테이션을 위해서는 스토리텔링을 해야 한다. 우리는 일상적으로 이야기를 소비하고 만들어 낸다. 비단 흥행한 영화나 베스트셀러 소설이 아니더라도 우리가 이야기에 탐닉하는 이유는 인간의 근원적인 욕망이기 때문이다. 이야기는 분명 우리의 관심과 흥미를 자극하는 무언가를 가지고 있다. 사람들의 마음에는 재미있는 이야기에 대한 호모 루덴스적인 욕구와 감동적인 이야기를 통해 인생에 대한 참된 의미를 찾고자 하는 기대가 자리 잡고 있다. 이를 바탕으로 프레젠테이션을 스토리텔링으로 진행한다면 좀 더 청중에게 효과적으로 전달할 수 있다.

간혹 프레젠테이션을 준비하는 사람들이 주객이 전도된 상황을 연출하는 것을 볼 수 있다. 내용의 전달에 신경쓰기보다는 파워포인트의 각종 테크닉을 이용하여 포장하는 데만 온 신경을 쏟는 것이다. 청중에게 무엇(contents)을, 어떻게(delivery), 메시지(personality)를 전달 할 것인가 모두 중요하지만, 그 중에서도 가장 중요한 것은 메시지의 내용(가치)에 있다. 발표자가 항상 고려해야 하는 것은 청중에게 무엇을 전달하려고 하는 것으로, 즉 듣는 사람들의 감정을 움직이게 하는 것이다. 이처럼 청중들에게 메시지를 확실하게 전달하여 감정을 움직이게 할 수 있는 프레젠테이션이 필자가 본서에 소개한 프레지(Prezi)이다.

프레지는 웹에서 만들고 사용할 수 있는 프레젠테이션 툴로 기능이 간단해서 쉽게 배우고 사용할 수 있다. 애니메이션 기능이 뛰어나 텍스트가 많은 문서를 역동적으로 보여줄 때 사용하면 효과가 높다. 특히 프레젠테이션 전체가 하나의 스토리텔링으로 집중될 수 있어 여러 교육을 위한 도구로 사용해도 좋다. 프레지는 단순한 도구를 통한 발표의 구현을 넘어서 삶을 풍성하게 할 수 있도록 사고의 전환도 부가적으로 제공하고 있다.

무엇보다 본서는 프레지의 기본적인 활용 팁 외에 쉽게 익힐 수 있도록 페이지마다 저자의 프레지 활용법 영상이 QR코드에 업로드 되어 있다. 때문에 초보자도 누구나 자기주도적으로 멋진 프레젠테이션을 저작할 수 있을 거라고 생각한다.

끝으로 본서의 원고가 집필될 수 있도록 많은 조언과 도움을 주신 많은 분들과 출간될 수 있도록 도움을 주신 대한나래출판사 최용원 사장님과 편집진에게도 감사드린다.

미남교수 **신 종 우**

contents

프레지(Prezi) 1

• QR코드 활용

본서의 가장 큰 특징은 각 페이지마다 QR코드를 만들어 보조학습 자료로 참고할 수 있도록 제공해 줌으로써 언제, 어디서, 누구나 자유롭게 자기 주도적으로 스마트러닝을 할 수 있도록 구성하였다.

• QR코드 스캔법

QR코드는 아이폰이나 안드로이드 탑재폰의 앱 다운로드 서비스에서 “XQR”, “QR Code Reader” 중 원하는 어플리케이션을 선택하여 무료로 설치 받아 언제라도 스캔하여 정보를 읽을 수 있다.

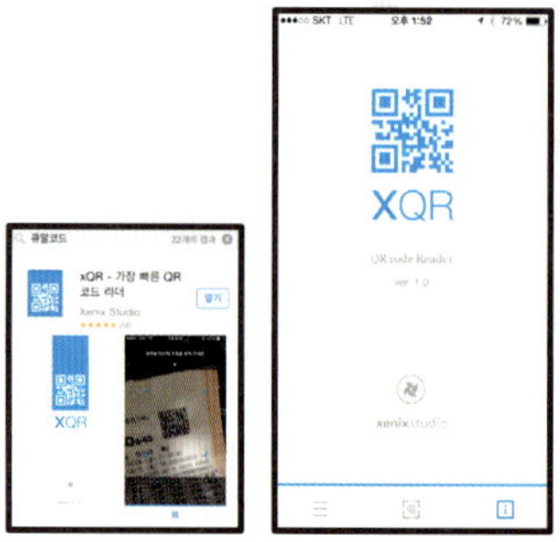

App store - “XQR”

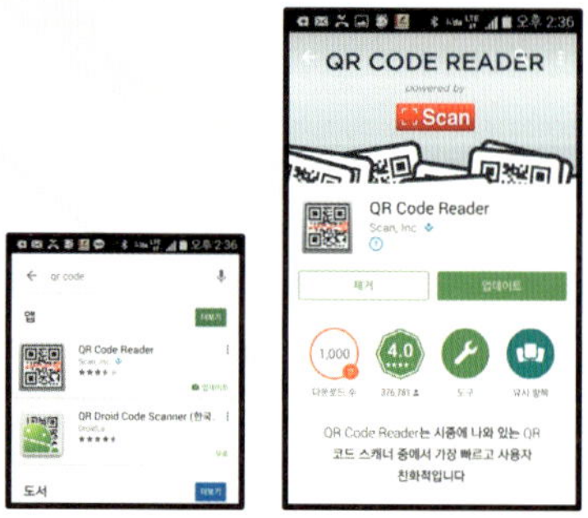

Play store – “QR Code Reader”

프레지

Prezi

Prezi

프레지(Prezi)는 2007년 헝가리의 건축가 겸 시각예술가 아담 솜러이 피셔(Adam Somla-Fischer)와 부다페스트 기술대학 교수인 피터 할라시(Peter Halacsy)에 의해 시작된 프로젝트로, 온라인을 기반으로 새로운 개념의 발표 방식인 클라우드 기반의 프레젠테이션 도구이다.

1. 프레지 소개

프레지(Prezi)란 이름은 프레젠테이션의 앞부분에서 따온 말이며, 줌 효과로 화면을 전환하는 인터페이스(Zoomable User Interface; ZUI)로 큰 캔버스를 물 흐르듯 이동하며, 중간에 멈추어 현미경으로 살펴보거나 인공위성에서 내려다볼 수 있는 활기찬 역동성이라고 할 수 있다.

프레지는 프레젠테이션을 위한 시각보조자료를 만드는 도구로서 텍스트, 이미지, 동영상, 플래시까지 거의 모든 정보 형태를 지원하고 있다. 프레지 설계 방법은 한 장의 큰 도화지 위에 모든 생각을 쏟아놓고, 이를 정리하는 방법과 동일하다. 마치 어릴 적에 큰 전지에 가족신문을 만들 때처럼 원하는 자료를 손쉬운 방법으로 배열할 수 있다.

프레지에서 사용하는 ZUI(Zooming, Zoomable User Interface)는 확대하거나 축소(zoom)하면서 프레젠테이션을 진행하는 방식이며, 이동(pan)하는 카메라의 움직이는 길 그대로를 화면에 보여주는 형식이다. 파워포인트가 오프라인 기반으로 만들어지는 데 반해 프레지는 온라인과 오프라인 두 기반으로 모두 만들고, 발표할 수 있도록 다양한 도구(tool)을 제공하고 있다(그림 1).

그림 1 ZUI(Zooming, Zoomable User Interface) 방식의 프레지

파워포인트(PPT)가 순서에 따라 한 가지 주제를 하나의 슬라이드에 담아 논리적으로 진행한다면, 프레지는 모든 아이디어를 큰 캔버스에 쏟아붓고, 각 아이디어들끼리 모으고, 자르고, 붙이는 작업을 통해 비논리적으로 진행된다(그림 2).

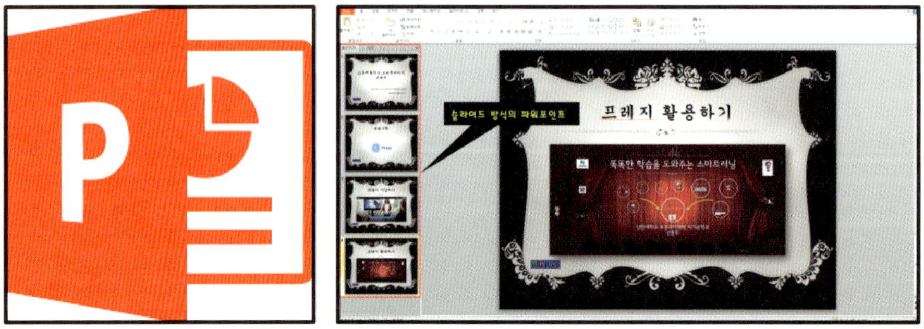

그림 2 슬라이드 방식의 파워포인트

파워포인트는 수렴적 사고를 통해 아이디어가 하나의 주제를 간결하게 설명하도록 하여야 하기 때문에 사족이 될 수 있는 자료들은 최대한 제거하면서 전달하고자 하는 요점에 맞추어 제작해야만 하는 제약 등이 있지만 프레지는 일종의 브레인스토밍(Brainstorming)인 창의적인 아이디어를 생산하기 위한 학습 도구이자 회의 기법처럼 아이디어에 살을 붙이는 발산적 사고(發散的 思考)를 통해 정보를 유기적으로 표현하는 도구이다(그림 3).

그림 3 브레인스토밍의 프레지

2. 프레지 저작

1) 사용 환경

프레지는 온라인과 오프라인 주밍 프레젠테이션 도구이기 때문에 프레지 온라인(prezi.com)과 프레지 오프라인(윈도우/맥용 프레지) 두 환경에서 저작할 수 있다. 프레지를 만들고 감상하려면 먼저 어도비 플래시 플레이어(Adobe Flash player)를 설치하고, 회원가입(https://prezi.com)을 하면 모든 준비는 완료된다. 단, 구글 크롬 웹 브라우저 기반(http://www.google.co.kr/chrome/browser/desktop)에서 프레지를 저작하려면 어도비 플래시 플레이어를 설치(https://get.adobe.com/kr/flashplayer)하거나 최신 버전 여부 등을 확인할 필요가 없어 간편하다(그림 4).

그림 4 구글 크롬과 어도비 플래시 플레이어 로고

2) 회원가입

프레지는 무료나 유료 회원으로 가입할 수 있다. 프레지는 정규와 교육용, 팀 프레지 3가지 라이선스가 있으며, 필요에 따라 원하는 라이선스를 선택하면 된다. 퍼블릭(Public)은 무료로 사용할 수 있으며, 인조이(Enjoy)나 프로(Pro) 그리고 팀(team)은 유료 라이선스로 월간 또는 연간 결제를 통하여 이용할 수 있다. 학생이나 교사, 교직원은 교육기관의 이메일 계정만 있다면 교육용 학생/교수 라이선스로 가입하는 것이 유리하다(그림 5).

그림 5 정규와 학생/교사 라이선스 유료 가격

(1) 퍼블릭 라이선스 회원가입

무료 퍼블릭 계정인 경우에 페이스북 계정을 이용하면 회원 정보를 모두 입력해야 하는 번거로움을 피할 수 있어 쉽게 프레지 회원가입을 완료할 수 있다. 페이스북 계정과 연동을 원하지 않으면 직접 프레지 홈페이지(https://prezi.com)에서 "시작하기를 클릭"하여 회원가입을 할 수 있다(그림 6).

그림 6 시작 페이지(https://prezi.com)

화면 오른쪽 상단의 [퍼블릭 무료 이용하기]를 클릭하여 간단한 회원가입(이름과 이메일, 비밀번호) 후 나만의 프레지를 바로 만들 수 있다. 내 계정에 이메일(아이디)과 비밀번호를 입력하고, 로그인하면 언제든지 내 프레지를 편집하고, 다른 사람과 공유하며, 프레젠테이션을 할 수 있다.

프레지를 계속해서 사용하고 싶지 않은 경우에는 프레지 라이선스 설정 & 라이선스 페이지에서 언제든 해지할 수 있다. 무료 라이선스는 기한이 없으며, 유료 라이선스는 1년의 사용 기한으로 다시 결제를 통해 갱신해야 계속 진행할 수 있다. 단, 유료 라이선스인 경우 계정이 만료되어도 새 프레지를 만들거나 기존 프레지를 수정할 수 없지만 저장되어 있는 프레지 파일이 삭제되는 것은 아니고, '공유하기'와 '휴대용 프레지 다운로드' 기능은 계속 이용할 수 있다(그림 7, 8).

그림 7 Public 계정 가입

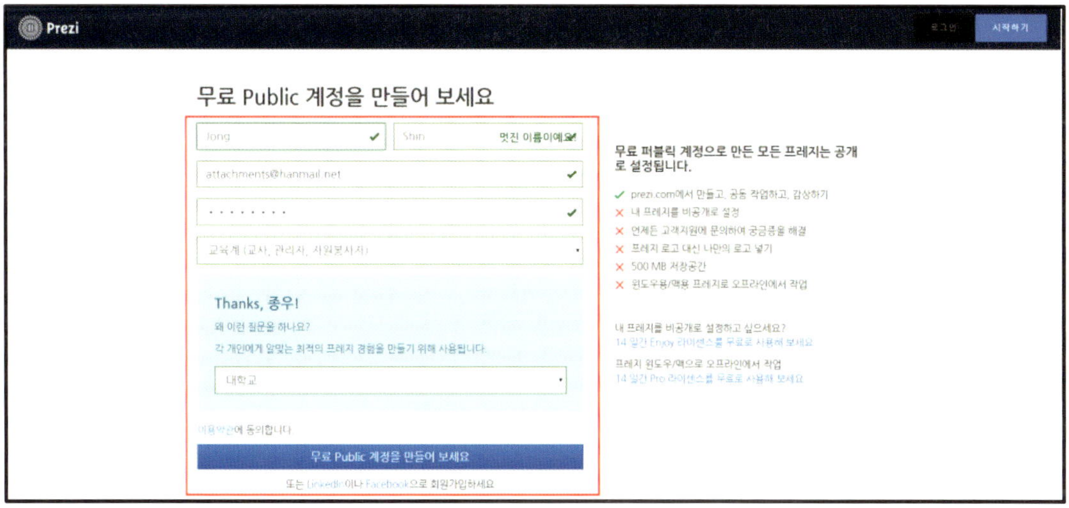

그림 8 무료 Public 계정 가입

(2) 학생/교사 라이선스 계정 가입

학교 이메일 계정을 가지고 있을 경우에는 학생 & 라이선스 계정으로 가입할 수 있다. 학교 이메일 입력 칸에 ●●●@shinhan.ac.kr을 입력하면 프레지 아이디가 된다(그림 9~11).

그림 9 학생/교사 라이선스 계정 가입

그림 10 학생/교사 라이선스 계정 가입 시 유료 안내

그림 11 학교 이메일 입력 후 인증하기

학교에 대한 정보인 학교 이름, 학교 소재 도시명, 국가, 학교 웹사이트 주소를 순서적으로 입력한 다음, 재직 중임을 확인하는 부분을 선택한 후 계속하기를 클릭한다(그림 12).

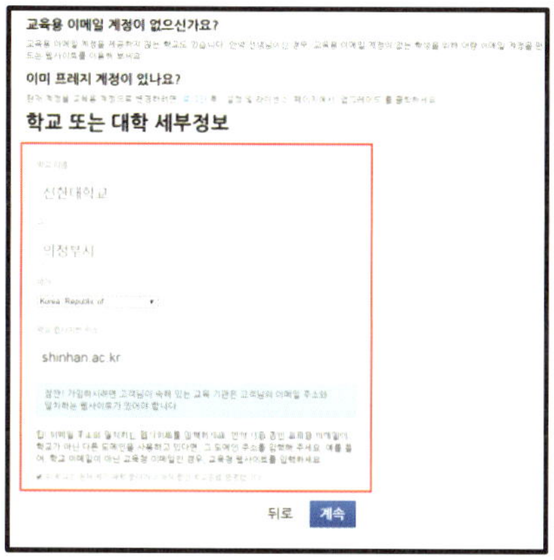

그림 12 학교 정보 입력

프레지 창을 닫고 학교 웹 메일을 확인해 준다(그림 13, 14).

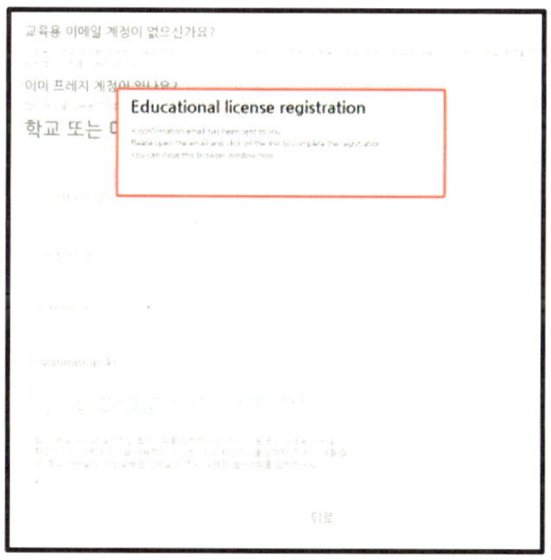

그림 13 학교 웹 메일 확인

그림 14 웹 메일에서 Verify Now 확인

웹 메일의 Verify Now를 클릭하고 개인 정보를 입력한 다음 가입하기를 클릭하면 가입하기가 완료된다(그림 15).

그림 15 개인 정보 입력

가입 완료한 다음 프레지 화면에 접속했는데 메뉴가 한글로 보이지 않는다면 하단의 언어 설정을 한국어로 설정하면 된다(그림 16).

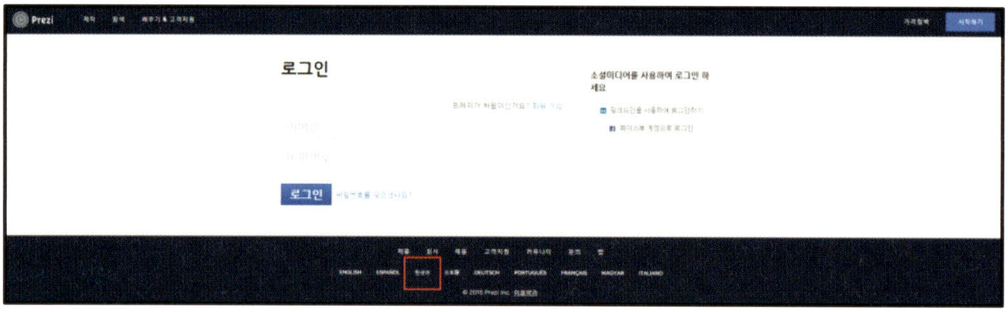

그림 16 한국어로 언어 설정

(3) 환경 설정

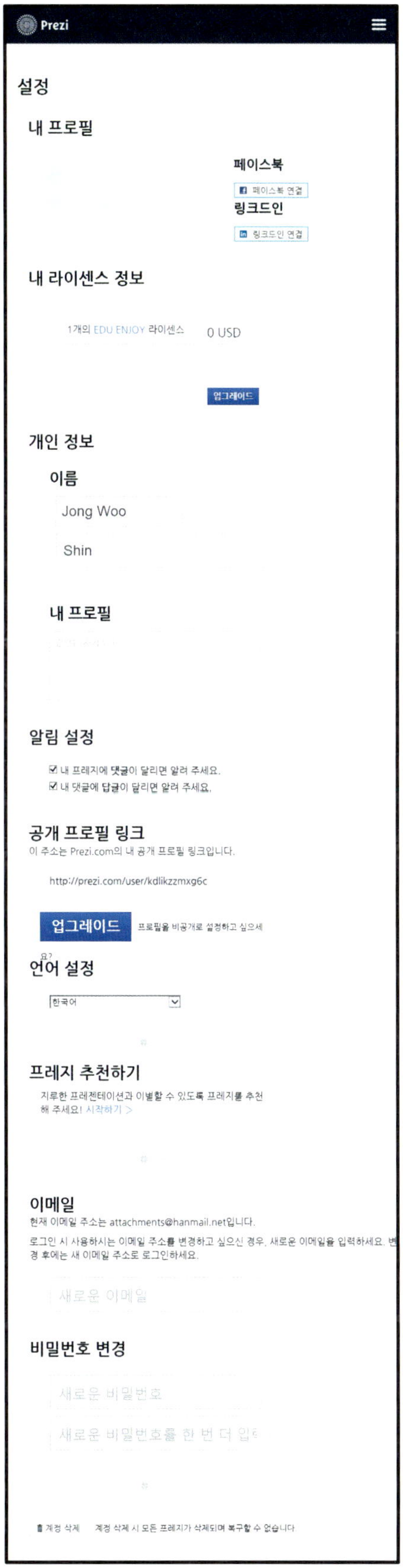
Prezi
설정
내 프로필
페이스북
페이스북 연결
링크드인
링크드인 연결
내 라이센스 정보
1개의 EDU ENJOY 라이센스
0 USD
업그레이드
개인 정보
이름
Jong Woo
Shin
내 프로필
알림 설정
내 프레지에 댓글이 달리면 알려 주세요.
내 댓글에 답글이 달리면 알려 주세요.
공개 프로필 링크
이 주소는 Prezi.com의 내 공개 프로필 링크입니다.
http://prezi.com/user/kdlikzzmxg6c
업그레이드
프로필을 비공개로 설정하고 싶으세요?
언어 설정
한국어
프레지 추천하기
지루한 프레젠테이션과 이별할 수 있도록 프레지를 추천해 주세요! 시작하기 >
이메일
현재 이메일 주소는 attachments@hanmail.net입니다.
로그인 시 사용하시는 이메일 주소를 변경하고 싶으신 경우, 새로운 이메일을 입력하세요. 변경 후에는 새 이메일 주소로 로그인하세요.
새로운 이메일
비밀번호 변경
새로운 비밀번호
새로운 비밀번호를 한 번 더 입력
계정 삭제
계정 삭제 시 모든 프레지가 삭제되며 복구할 수 없습니다

Prezi

3) 로그인 및 로그아웃

(1) 로그인

프레지 사이트(https://prezi.com)로 접속해서 홈페이지 오른쪽 위의 [로그인] 버튼을 클릭한 다음 가입 시 입력했던 이메일과 비밀번호를 입력하고, [로그인] 버튼을 클릭한다(그림 17).

그림 17 프레지 로그인

(2) 로그아웃

프레지 접속 화면 오른쪽 위에 접속자 정보창에서 목록 단추를 클릭하여 아래쪽에 있는 [로그아웃]을 선택하면 로그아웃된다(그림 18).

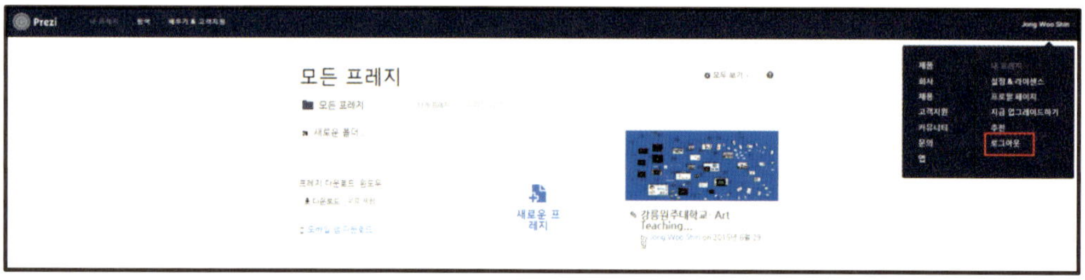

그림 18 프레지 로그아웃

3. 새 프레지 만들기

프레지를 만들기 위해서는 편집 화면으로 접속해야 하며, 내 프레지를 클릭한 다음 새로운 프레지를 선택해서 새 문서를 열 수 있다(그림 19, 20).

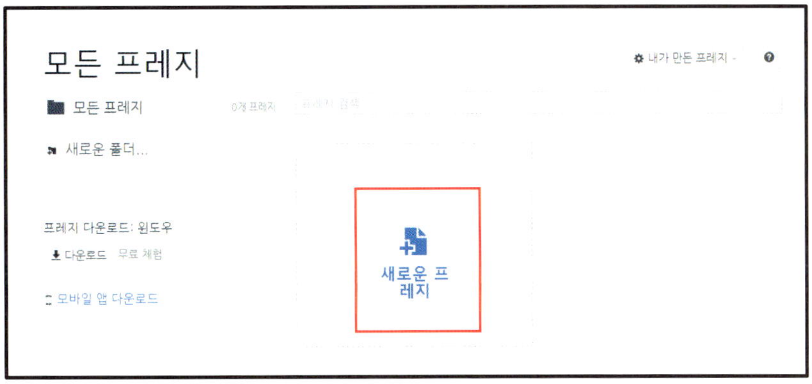

그림 19 새로운 프레지 선택

그림 20 빈 프레지 시작

1) 3가지 모드의 작업 화면

(1) 편집 화면

콘텐츠 제작을 위한 기본 작업 화면으로 프레지가 시작되면 나타나는 페이지이다(그림 21).

그림 21 편집 화면

(2) 패스 화면

화면의 움직임을 설정하는 화면으로 패스 설정 및 수정, 나타내기 효과 등을 적용할 수 있는 페이지이다(그림 22).

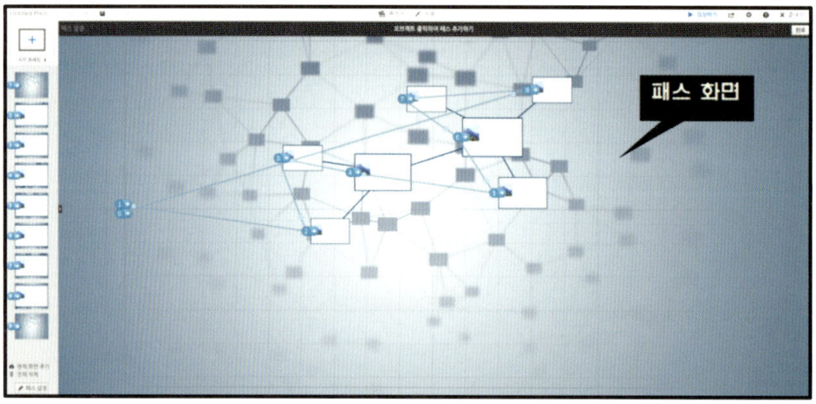

그림 22 패스 화면

(3) 슬라이드쇼 화면

편집 작업이 완료된 이후에 슬라이드쇼가 이루어지는 화면 페이지이다(그림 23).

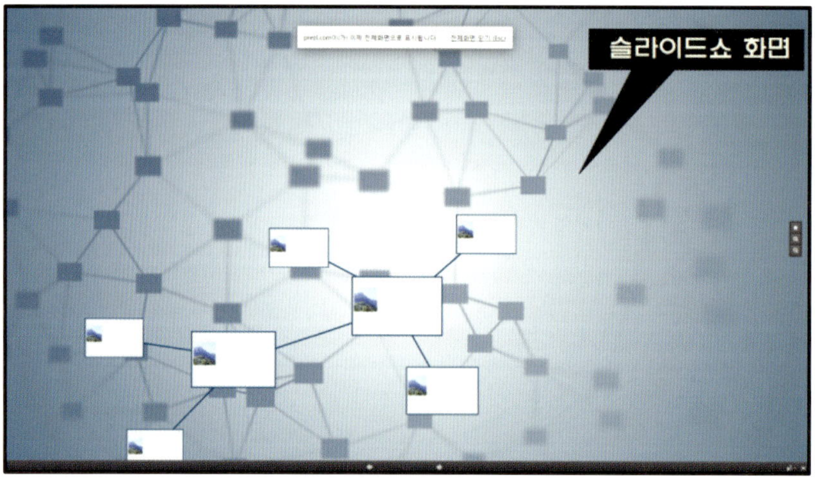

그림 23 슬라이드쇼 화면

2) 편집 화면 기능

저장된 프레지 파일을 불러와 편집하거나 새 프레지 파일을 만드는 화면이다(그림 24).

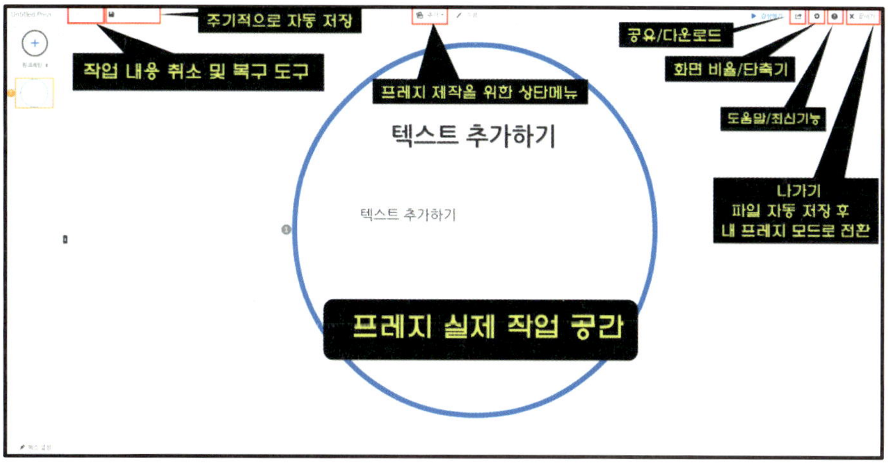

그림 24 프레지 편집 화면

(1) 상단 제작 메뉴 기능

프레지 제작을 위한 핵심 기능으로 편집 모드에서 사용 가능한 메뉴는 6가지 메뉴와 하위 메뉴로 구성되어 있다(그림 25).

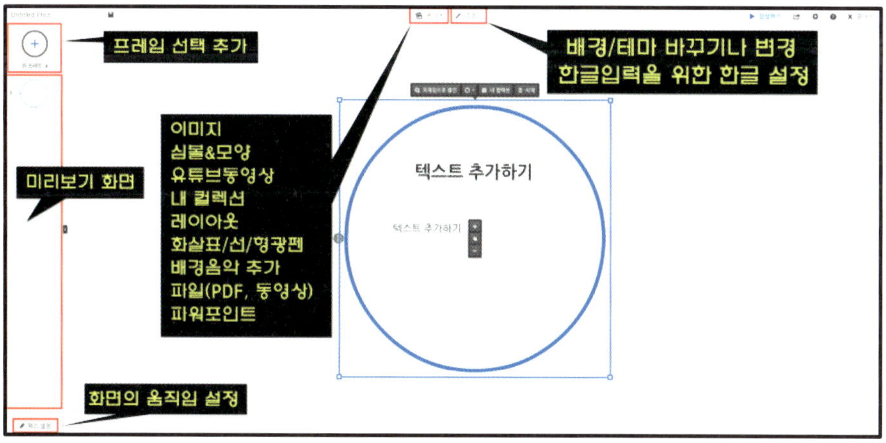

그림 25 상단 제작 메뉴 기능

(2) 변환 도구 기능

모든 개체에 속성(크기, 방향, 위치)을 설정할 수 있으며, 프레임 줌인(열기), 프레임 옵션, 내 컬렉션, 개체 삭제를 할 수 있다(그림 26).

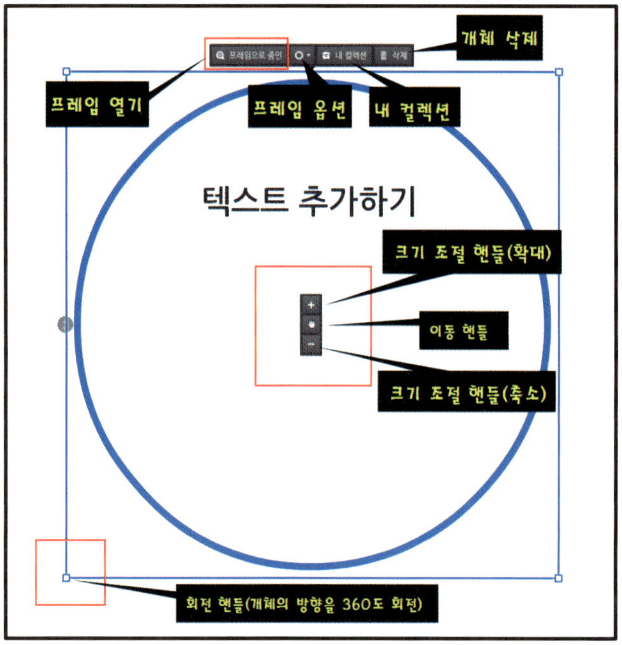

그림 26 변환 도구

3) 슬라이드 미리 보기

(1) 프레젠테이션 쇼 모드 실행 및 기능

프레지 작업을 완료하고 감상하기 메뉴를 클릭하여 프레젠테이션 쇼 모드를 실행할 수 있다(그림 27~29).

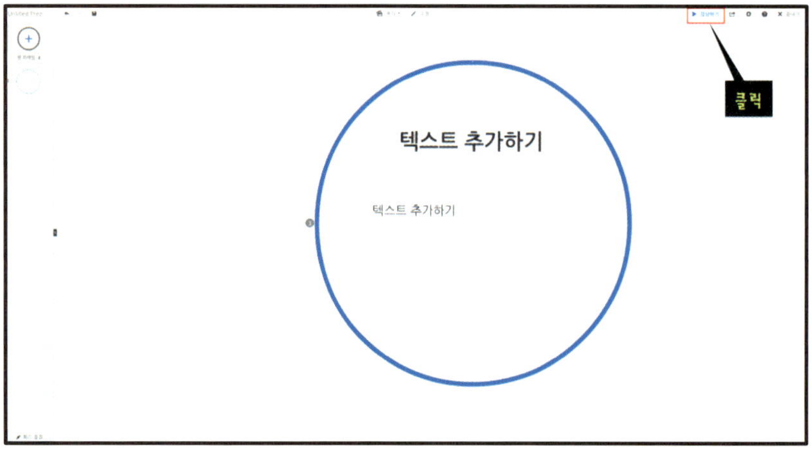

그림 27 감상하기

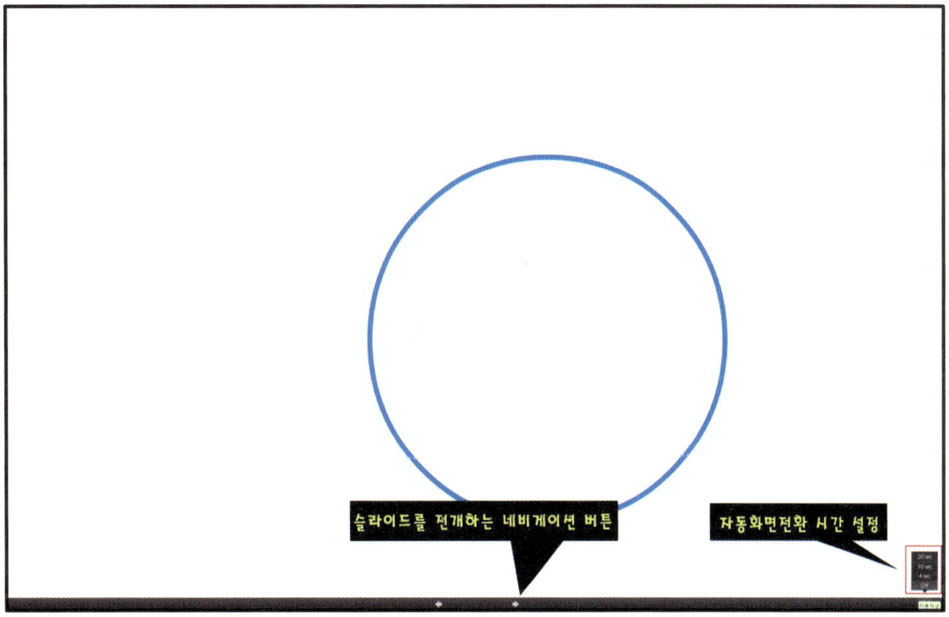

그림 28 프레젠테이션 쇼 모드 기능

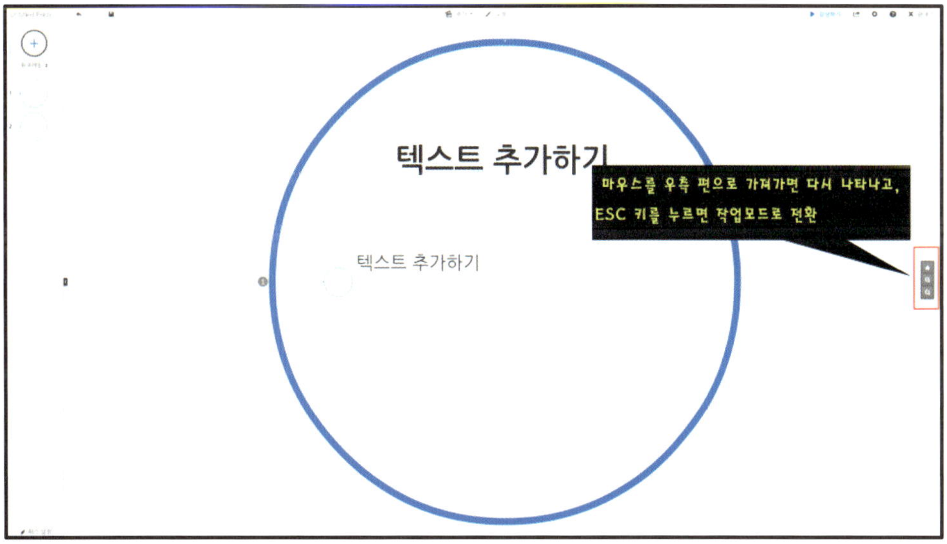

그림 29 전체 화면 및 확대/축소 기능

Prezi

4) 텍스트 삽입

(1) 원형 프레임 삭제

프레지를 처음 시작하면 원형 프레임으로 설정되어 있지만, 텍스트 삽입을 익히기 위해서 키보드의 Delete key를 선택해서 지운다(그림 30).

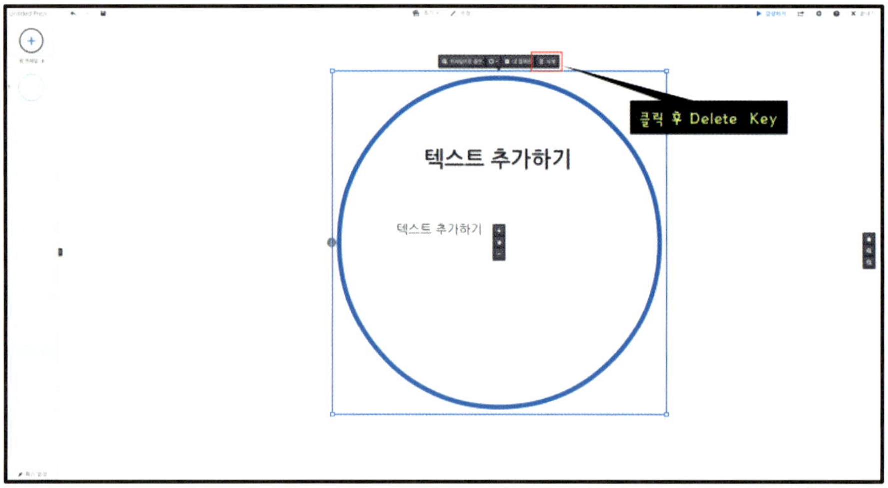

그림 30 원형 프레임 삭제

(2) 텍스트 삽입

프레임이 없는 깨끗한 캔버스 위에 마우스를 클릭하면 텍스트를 바로 입력할 수 있는 창이 나타나는데, 이때 "미남교수"라고 입력하면 해당 텍스트가 삽입되는 것을 볼 수 있다(그림 31).

그림 31 텍스트 "미남교수" 입력

(3) 텍스트 폰트 선택

캔버스에 텍스트를 입력한 다음 상단에 편집 추가 메뉴의 폰트 선택(제목, 부제목, 본문)을 확인할 수 있다(그림 32).

그림 32 텍스트 폰트 선택

프레지에서 지원하는 공식 폰트는 제목-나눔고딕B, 부제목-나눔고딕, 본문-상상타이틀 3가지 폰트만 공식적으로 지원하고 있고, 이 외에 다른 폰트들은 지원하지 않고 있다(그림 33).

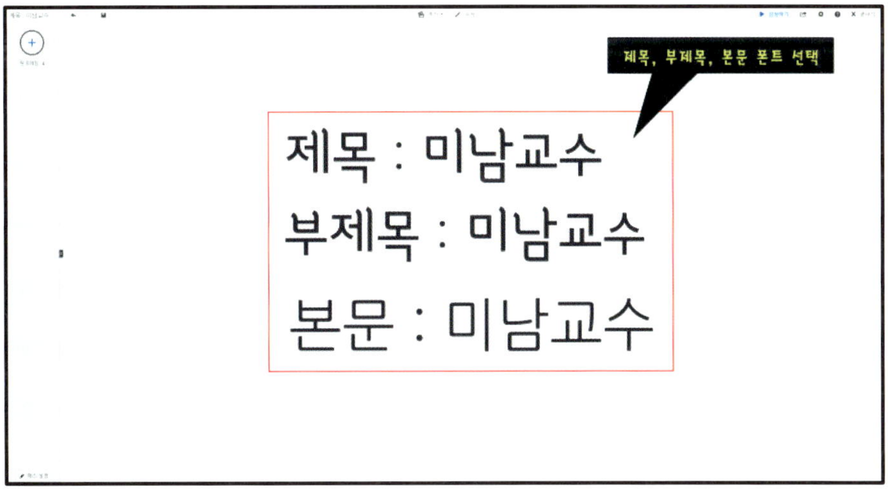

그림 33 3가지 폰트만 지원

Prezi

(4) 텍스트 색상 변경하기

변경하고자 하는 텍스트를 선택한 뒤 입력창 상단에 있는 텍스트 컬러를 클릭하고 원하는 색상을 선택해 주면 부분 또는 전체의 색상을 변경할 수 있다(그림 34).

그림 34 텍스트 색상 변경하기

(5) 텍스트 크기 변경하기

텍스트 입력창 상단에 있는 큰 A와 작은 A를 클릭하면 텍스트의 크기를 변경할 수 있다(그림 35).

그림 35 텍스트 크기 변경하기

(6) 텍스트 분리하기

기존에 작성해 두었던 문서에서 복사나 붙여넣기를 하면 문장 형태로 삽입된다. "미남교수의 스마트 교수법 프레지"가 이미 입력된 상태에서 "프레지"라는 글자만 확대할 경우에는 변환도구의 +를 클릭하면 해당 개체가 모두 커진다(그림 36).

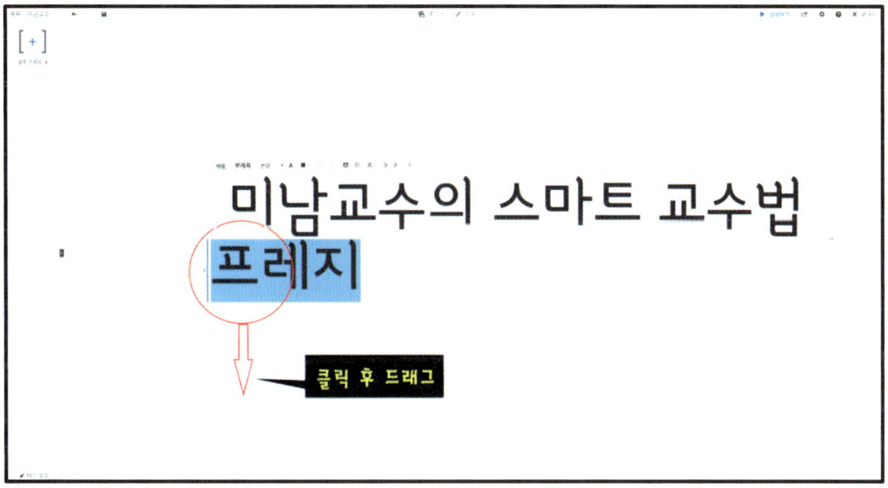

그림 36 변환도구의 +를 클릭

기존에 작성해 두었던 문서의 문장에서 분리를 원하는 경우에는 해당 부분을 클릭한 상태에서 마우스를 밖으로 드래그하면 해당 개체를 분리힐 수 있다(그림 37).

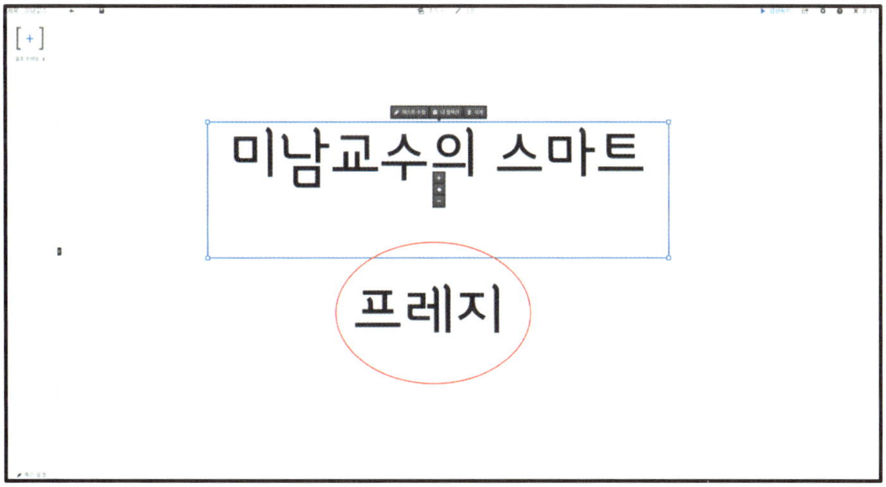

그림 37 텍스트 분리하기

Prezi

5) 이미지 삽입하기

(1) 레이어 변경하기

Prezi

레이어는 개체를 정리하는 한 방법으로 모두를 동시에 조작하거나, 진행 과정을 추적할 수 있다. 즉, 샌드위치를 만들 때 순차적으로 자리를 잡게 되는 내용물을 레이어라고 하며, 각각의 내용물은 순차적으로 쌓이게 된다. 프레지는 이미지를 앞뒤로 바꿔주면서 레이어를 변경할 수 있다. 앞에 있는 이미지를 뒤쪽으로 변경할 수 있으며, 뒤에 있는 이미지를 앞으로 불러올 수도 있다(그림 38).

그림 38 레이어 변경하기

(2) 이미지 효과 적용하기

이미지를 클릭하면 확장 메뉴 효과라고 나타나며, 각각 이미지마다 효과를 적용할 수 있다. 효과 적용은 13가지로 이미지 색을 바꾸거나 간단하게 보정도 할 수 있다. 원하는 효과 기능을 적용하고, 저장하면 효과가 적용된 사진으로 변경된다(그림 39~43).

그림 39 이미지 효과 적용하기

그림 40 포토 에디터(보정/필터/프레임)

그림 41 이미지 보정하기

그림 42 이미지 필터 선택하기

그림 43 이미지 프레임 선택하기

(3) 이미지 자르기

사진을 선택하면 자르기가 나타나는데 이때 더블 클릭하면 이미지의 각 모서리 지점에 자르기 기능의 핸들이 생성된다(그림 44, 45).

그림 44 이미지 자르기 선택

그림 45 사진 선택 후 클릭

생성된 자르기 핸들을 선택해서 원하는 부분을 선택한 후에 캔버스를 클릭하면, 해당 부분만 보인다(그림 46).

그림 46 원하는 이미지 부분 선택으로 자르기

Prezi

(4) 이미지 변경하기

사진을 선택하면 변경하기가 나타나는데 이때 더블 클릭하면 우측 상단에 이미지를 폴더나 웹에서 검색을 통해 변경할 수 있다(그림 47~51).

그림 47 이미지 변경하기

그림 48 파일이나 웹에서 변경 이미지 불러오기

그림 49 변경 이미지 크기 선택

Prezi

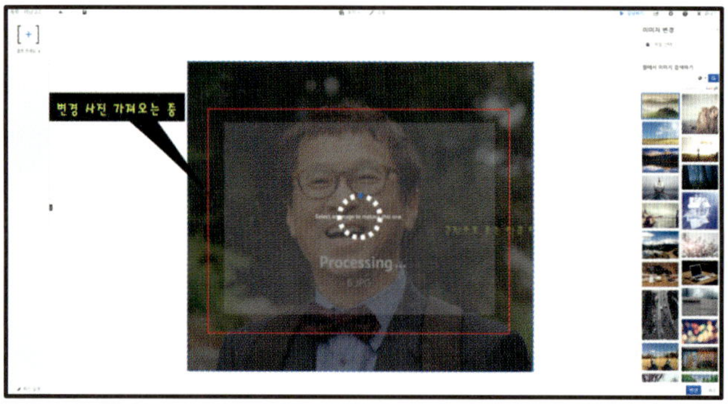

그림 50 변경 사진 가져오는 중

그림 51 변경된 이미지

6) 내 컬렉션

Prezi

이미지, 텍스트, 동영상, 심볼 등 프레지에 있는 어떤 오브젝트도 저장해 두었다가 필요할 때 바로 꺼내 쓸 수 있다. 한 프레지에서 다른 프레지로 복사한 후 붙여 넣는 방법도 있지만, 이제 내 컬렉션 기능으로 추가 메뉴에서 나의 완소 아이템을 바로 찾아 프레지에 추가할 수 있다(그림 52, 53).

그림 52 내 컬렉션 추가

그림 53 내 컬렉션에 추가 완료

(1) 재사용 가능하도록 콘텐츠 저장하는 법

저장해 두고 싶은 콘텐츠를 선택한 다음 시프트(SHIFT) 키를 누른 상태에서 마우스로 드래그하면 여러 콘텐츠를 한 번에 선택할 수 있다(그림 54).

그림 54 여러 콘텐츠를 내 컬렉션에 추가하기

(2) 내 컬렉션에서 콘텐츠 삭제하는 방법

오른쪽 내 컬렉션 사이드바에서 삭제하려는 썸네일에 마우스를 가져가면 빨간색 'X' 표시가 나타나는데, 이때 X를 클릭하면 콘텐츠가 삭제된다(그림 55).

그림 55 내 컬렉션에서 콘텐츠 삭제하기

7) 심볼 & 모양 추가

추가 메뉴에서 심볼 & 모양을 클릭하면 다양한 스타일의 클립아트를 손쉽게 프레지 편집 화면으로 삽입할 수 있다(그림 56~58).

그림 56 심볼 & 모양 추가

그림 57 원하는 클립 선택

그림 58 더블 클릭으로 삽입

8) 유튜브 동영상 추가

상단 메뉴에서 유튜브 동영상을 클릭하면 창이 나타나는데 이 창에 추가하려는 유튜브 동영상의 URL을 붙여넣어 주면 된다(그림 59~63). 유튜브 동영상 URL을 텍스트 박스에 붙여넣어도 동영상이 추가된다. 프레지 감상 시 유튜브 동영상을 플레이 하려면 반드시 인터넷에 연결되어 있어야 한다.

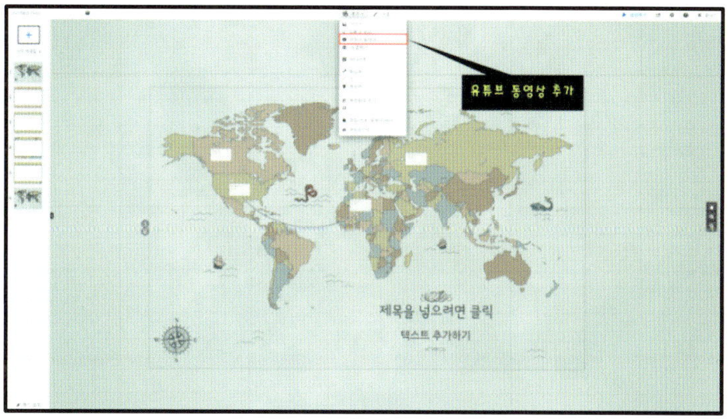

그림 59 유튜브 동영상 추가

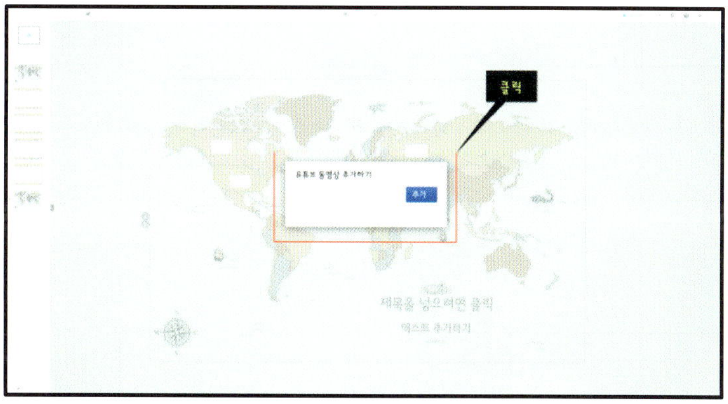

그림 60 유튜브 동영상 URL 추가하기

그림 61 추가할 유튜브 동영상 URL 복사

Prezi

그림 62 추가할 유튜브 동영상 URL 붙여넣기

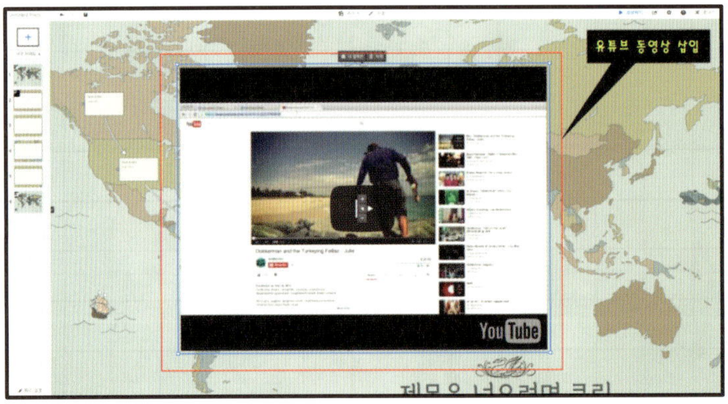

그림 63 프레지에 유튜브 동영상 추가

동영상을 프레지에 추가한 후 한 번 클릭 시 파란색 변형툴이 나타난다. 이미지와 마찬가지로 이 변형툴로 크기 조절 및 회전시킬 수 있다(그림 64).

그림 64 변형툴로 크기 조절 및 회전

9) 레이아웃

싱글 프레임과 멀티 프레임은 미리 레이아웃이 만들어져 있으므로 프레임 추가가 더 쉽고 편리하다. 싱글 프레임의 경우 이미지와 텍스트 자리가 미리 정해져 있으며, 멀티 프레임의 경우 여러 프레임을 한 번에 의미 있는 구조로 넣을 수 있다(그림 65~68).

Prezi

그림 65 레이아웃

그림 66 싱글 또는 멀티 프레임 선택

그림 67 원하는 프레임 이동

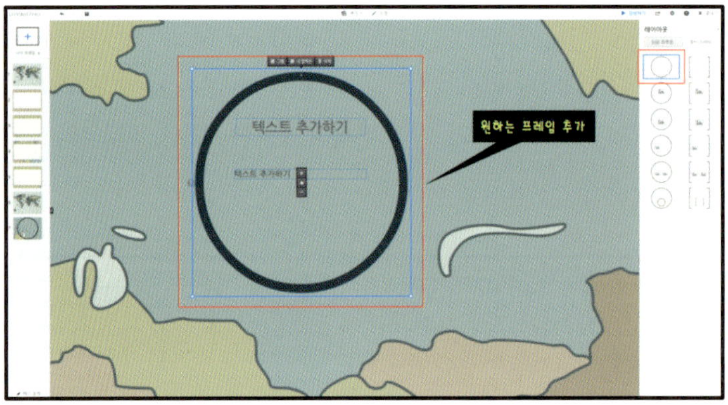

그림 68 원하는 프레임 추가

10) 화살표, 선, 형광펜 추가

상단 추가 메뉴의 화살표, 선, 형광펜을 선택하여 굵기 및 스타일을 조정할 수 있다(그림 69~74).

Prezi

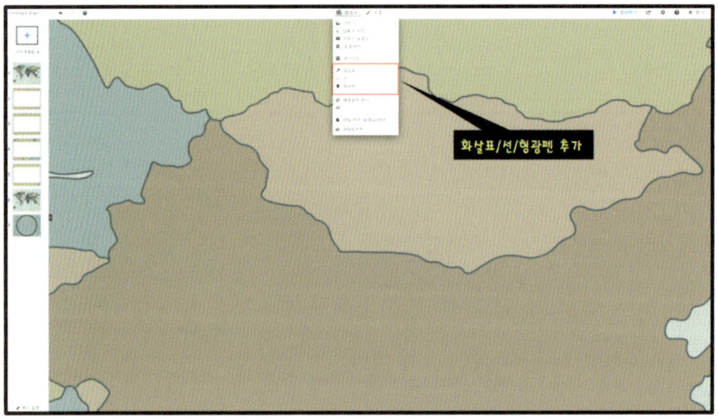

그림 69 화살표, 선, 형광펜 추가

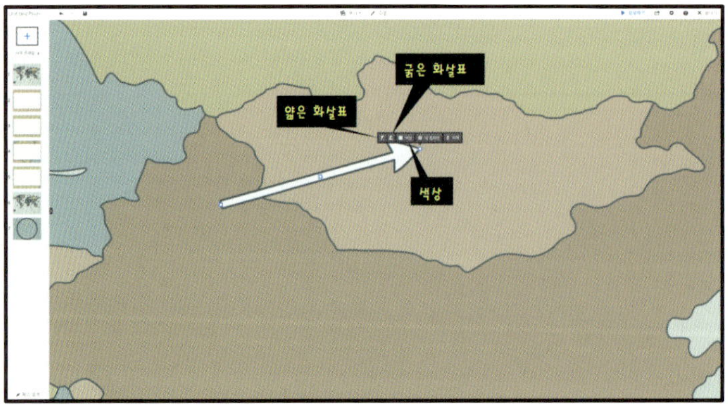

그림 70 화살표 조정

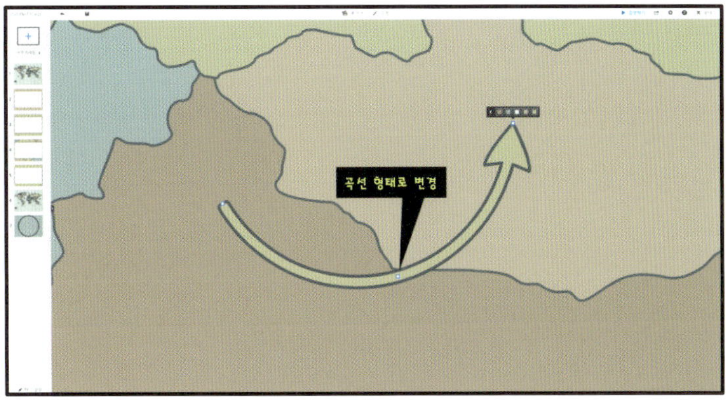

그림 71 화살표 곡선 조정

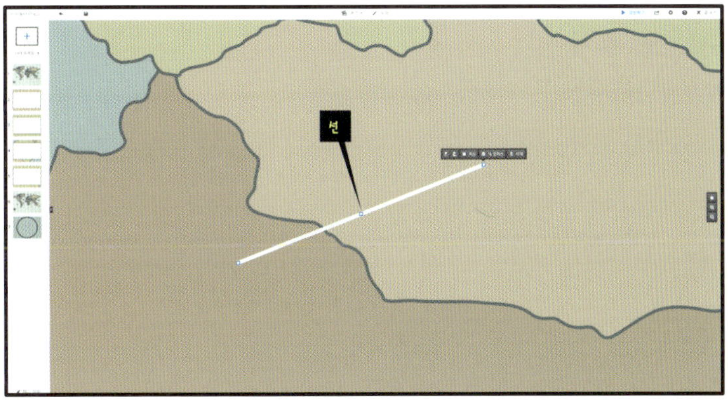

그림 72 선 조정

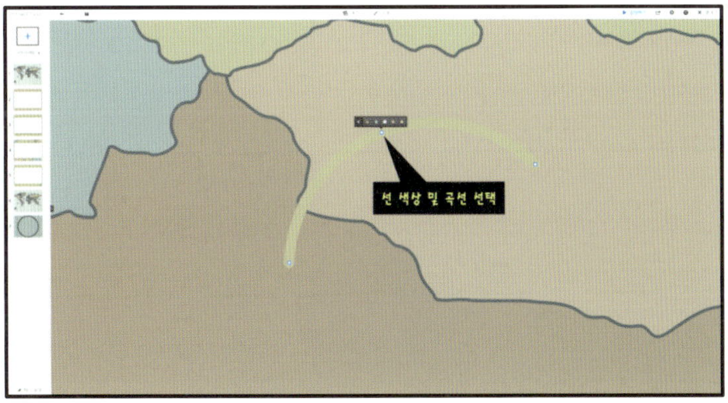

그림 73 선 곡선 조정

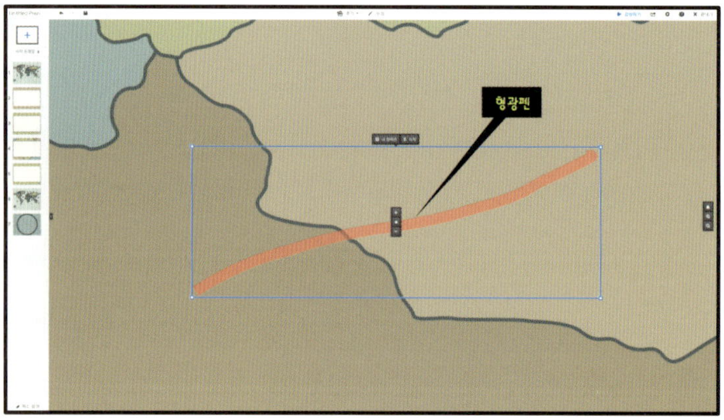

그림 74 형광펜 조정

11) 배경음악 및 사운드 추가

프레지에 사운드를 추가하여 더욱 기억에 남는 프레젠테이션을 만들고 내 아이디어를 효과적으로 전달할 수 있다. 특히, 프레지를 웹사이트나 블로그에 임베딩 하거나, 발표자 없이 반복 재생으로 플레이할 때 매우 유용하다. 프레지에 추가할 수 있는 사운드에는 배경음악 및 사운드 추가의 2가지 종류가 있으며, MP3, M4A, FLAC, WMA, WAV, OGG, AAC, 3GP 포맷의 파일을 지원하고 있다.

(1) 배경음악 추가

프레지 감상 시 계속해서 재생되는 배경음악이다. [추가] 메뉴의 '배경음악 삽입'을 선택하고, 소리 파일을 선택하여 열어준다(그림 75, 76).

그림 75 배경음악 및 사운드 추가

그림 76 배경음악에 사용할 음악 불러오기

좌측 썸네일 화면에 해당 소리 파일이 정상적으로 삽입된다. 이때 해당 소리 파일을 클릭하면 편집 모드에서도 소리 파일을 재생시킬 수 있으며, 휴지통 모양의 아이콘을 클릭하면 해당 소리 파일이 삭제된다(그림 77).

그림 77 배경음악 삽입

(2) 사운드 추가

원하는 패스에 추가하는 사운드이다. 사운드가 추가된 패스에 도달하면 사운드가 자동으로 재생되고, 다음 패스로 넘어가면 정지된다. [추가] 메뉴의 '배경음악 삽입'을 선택하고, 소리 파일을 선택하여 열어 준다. 패스 설정으로 패스를 적용하고 썸네일 화면에서 소리 파일을 삽입하고자 하는 부분을 선택해 준다(그림 78).

Prezi

그림 78 사운드 추가

[추가] 메뉴를 클릭하면 '패스'에 사운드 삽입으로 활성화되며, 클릭 후 삽입하고자 하는 소리 파일을 선택하여 열어준다(그림 79, 80).

그림 79 추가할 사운드 음악 선택

그림 80 사운드 음악 추가

12) 파일(PDF, 동영상) 추가

프레지에 PDF 파일을 넣는 것은 가능하다. 엑셀 파일 또한 PDF로 저장한 후 불러오면 프레지에 추가할 수 있다. 도표 및 다른 문서 파일은 화면을 캡처하여 이미지 파일로 만든 후 그 이미지 파일을 넣어 주면 된다.

(1) PDF 추가

상단 메뉴바에서 추가를 클릭 후 파일(PDF, 동영상)에서 클릭한다. 업로드 하려는 PDF의 파일을 찾아 선택한다. 여러 개의 PDF 파일을 선택하여 한 번에 추가할 수 있다(그림 81~84). 주의사항은 윈도우용/맥용 프레지에서 PDF 파일을 프레지에 추가할 경우 프레지 서버에서 파일 전환이 이루어지며, 파일 전환 승인 메시지가 나타난다. 이 파일 변환을 위해 업로드 하는 데이터는 프레지에 파일을 넣기 위한 것일 뿐 파일 전환 후에는 어떠한 데이터도 저장되지 않는다. 윈도우용/맥용 프레지는 오프라인에서 사용이 가능하지만 PDF 파일을 추가할 경우 위의 이유로 인터넷 연결이 잠시 필요하다. 만약 이 파일 변환을 원하지 않을 경우 이를 수락하지 않을 수 있으며, 사용하는 컴퓨터에서 적절한 파일 변환 프로그램을 이용하여 PDF 파일을 변환하여 프레지에 넣으면 된다.

그림 81 PDF 추가

그림 82 PDF 파일 불러오기

그림 83 PDF 파일 삽입

그림 84 PDF 파일 삽입 완료

(2) 동영상 추가

상단 메뉴에서 추가를 클릭한 후 사용하는 컴퓨터에 저장되어 있는 동영상을 업로드 하고 싶은 경우에는 파일(PDF, 동영상)에 클릭한 다음 추가하려는 파일을 불러 온다(그림 85~87). FLV, MOV, WMV, F4V, MPG, MPEG, MP4, M4V, 3GP 동영상 파일(온라인 에디터 및 윈도우용/맥용 프레지에서)을 프레지에 추가할 수 있다. 주의사항은 AVI 파일 사용을 피해 주는 것이 바람직하다. 성공적으로 추가되더라도 문제 발생의 원인이 될 수 있다.

프레지에 동영상 추가 시 문제가 발생한 경우 문제의 파일을 FLV 파일로 변환한 후 다시 시도해 준다. FLV 파일 형태가 프레지에서 잘 운영되는 것으로 보고되고 있다. 파일 변환을 하려면 파일 변환 소프트웨어나 프로그램이 필요하며, 무료나 유료 형태로 다양한 파일 무료 변환 프로그램(Zamzar.com 등)이 있다. 선택한 라이선스가 제공하는 저장 공간 중 사용하고 남은 공간만큼 동영상을 업로드 할 수 있다. 동영상 파일 1개당 50MB를 넘지 않도록 해 주어야 하며, 프레지는 GIF나 SWF 애니메이션 파일을 지원하지 않고 있다.

그림 85 동영상 추가

그림 86 추가할 동영상 선택

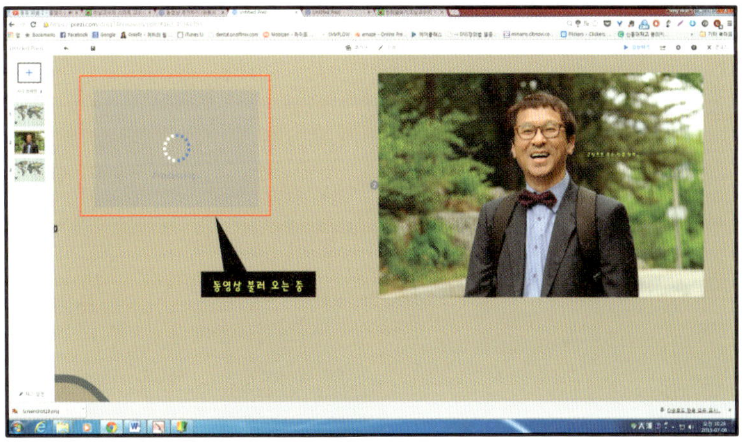

그림 87 동영상 불러 오는 중

동영상을 프레지에 추가한 후 한 번 클릭 시 파란색 변형툴이 나타난다. 이미지와 마찬가지로 이 변형툴로 크기 조절 및 회전시킬 수 있다(그림 88).

그림 88 변형툴로 크기 조절 및 회전

13) 파워포인트 추가

Prezi

오래된 PPT 파일을 청중이 집중하는 프레지로 변경하고자 할 경우에 상단 메뉴바에서 파워포인트 추가를 클릭 후 열기를 선택한다(그림 89~92). 이때 PPT 파일이 업로드되는 데 시간이 좀 소요된다.

그림 89 PPT 추가

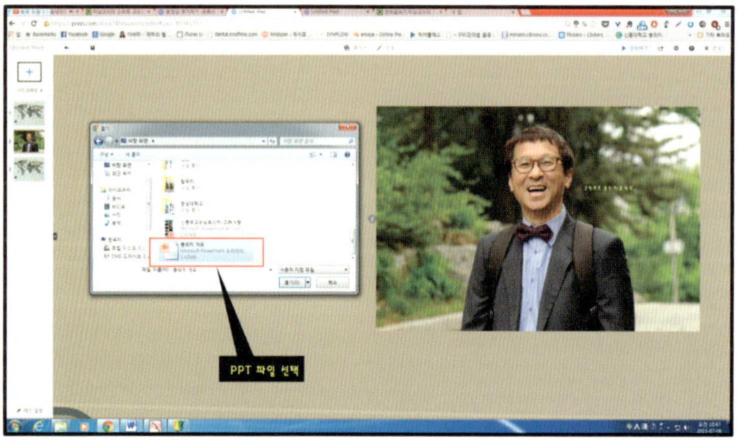

그림 90 추가할 PPT 선택

그림 91 PPT 파일 불러오는 중

그림 92 추가할 PPT 불러옴

각 슬라이드를 하나씩 캔버스에 드래그 해서 놓거나 'Insert all'을 클릭하여 모든 슬라이드를 한 번에 캔버스에 불러올 수 있다. 한 번에 모든 슬라이드를 추가할 경우에는 스토리가 전개되는 모양에 따라 레이아웃을 선택하고, 프레지가 전개되는 순서에 따라 패스 여부를 선택해 준다(그림 93).

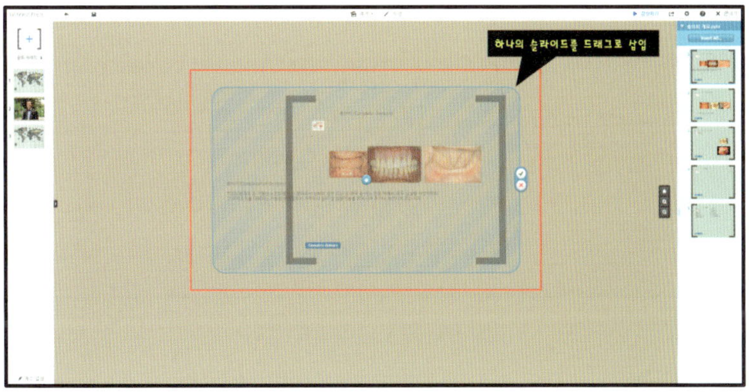

그림 93 하나의 슬라이드 삽입

Prezi

Insert all를 클릭한 후 마음에 드는 초록색 체크 모양을 클릭한다. 오른쪽 상단 사이드바를 닫고 본격적으로 프레지 작업을 진행한다(그림 94~99).

그림 94 레이아웃 선택

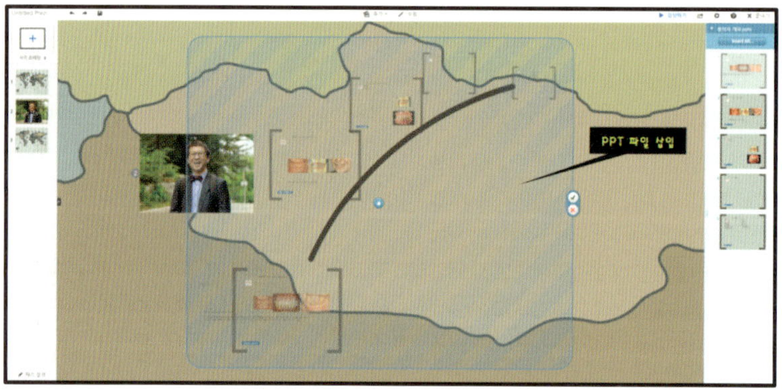

그림 95 모든 슬라이드 삽입 중

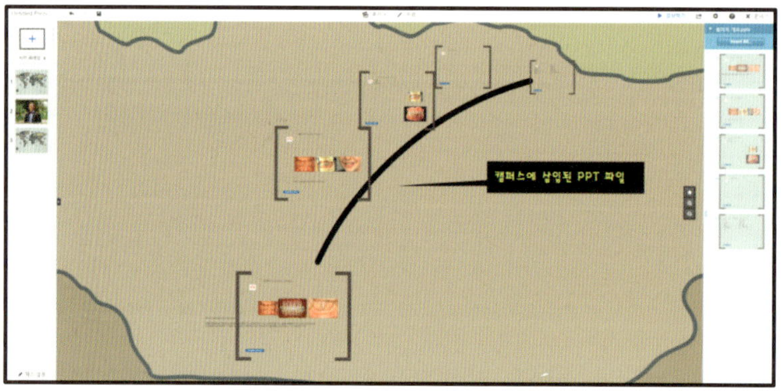

그림 96 모든 슬라이드 삽입

Prezi

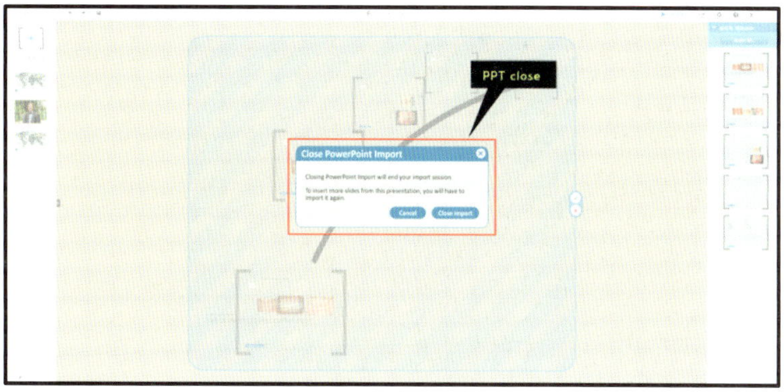

그림 97 PPT close

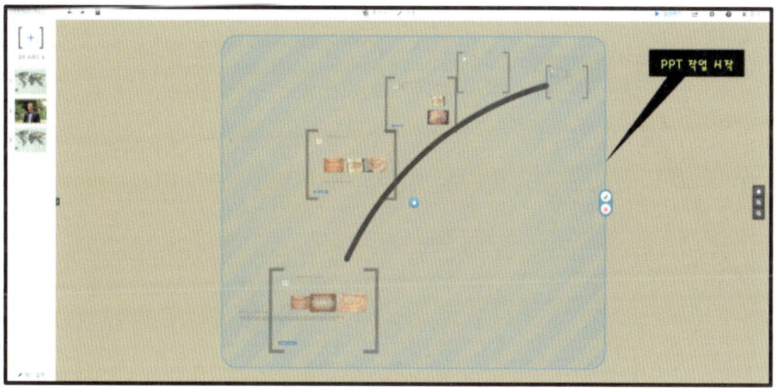

그림 98 PPT 작업 시작

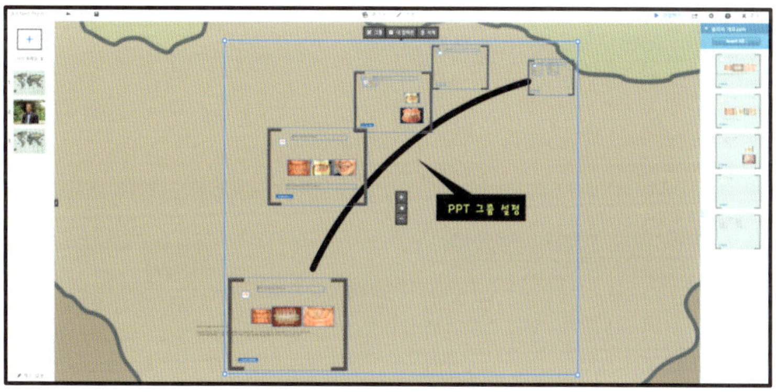

그림 99 PPT 그룹 설정

4. 프레지 패스 설정

1) 패스 설정

Prezi

프레지에 스토리가 있다면 청중과 소통하는 데 큰 도움이 된다. 패스(Path)를 이용하면 전달하고자 하는 내용을 의도한 순서대로 표현할 수 있다. 편집 모드에서 패스 설정하려는 내용이 모두 보이도록 줌 아웃 한다. 쉽게 줌아웃 하는 방법으로, 화면 오른쪽 중간에 마우스를 대면 나타나는 집 모양의 '전체보기' 버튼을 클릭하고, 왼쪽 사이드바 하단의 패스 설정을 클릭한다(그림 100).

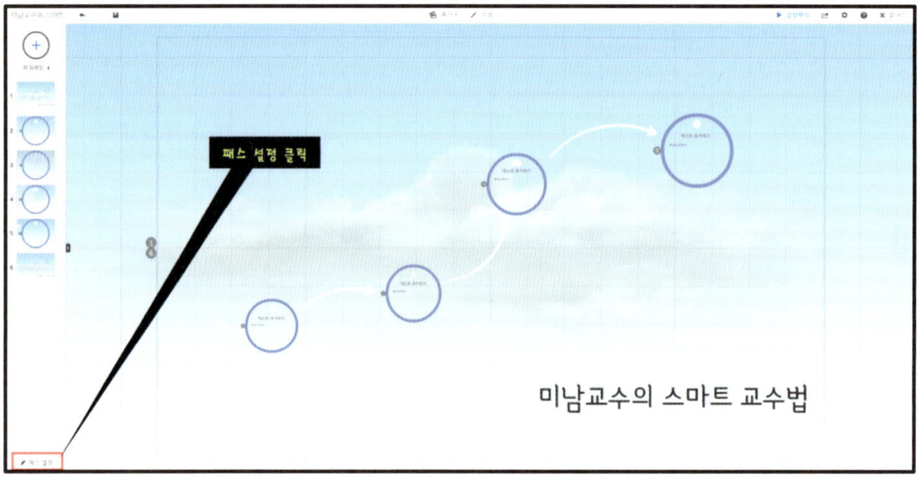

그림 100 프레지 패스 설정

청중에게 보여주고 싶은 순서대로 내용을 하나씩 클릭하면 패스가 자동으로 설정되며, 왼쪽 사이드바 썸네일에 추가된다(그림 101).

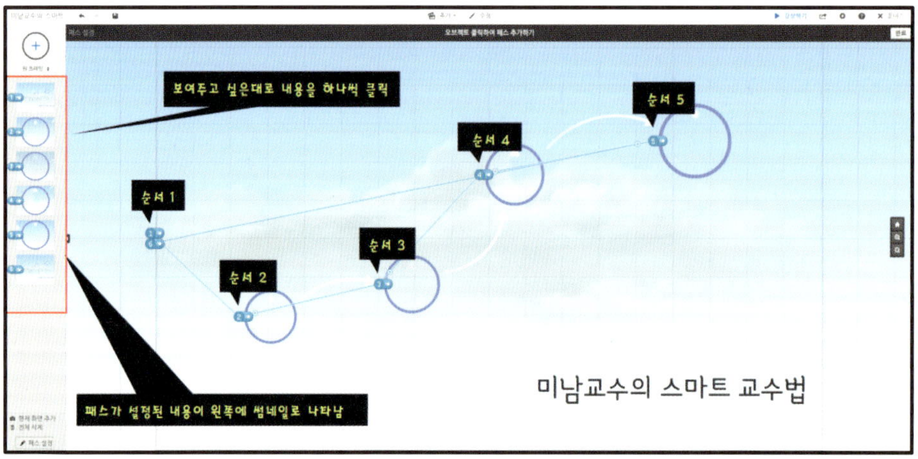

그림 101 패스 자동 설정

2) 패스 삭제

추가된 패스를 지우려면 썸네일에 마우스를 올릴 경우 오른쪽 상단에 나타나는 빨간색 'X'를 클릭하면 된다. 패스 순서를 재배치하려면 왼쪽 사이드바에서 이동하고 싶은 썸네일을 위, 아래로 드레그 하여 원하는 곳에 놓으면 된다(그림 102).

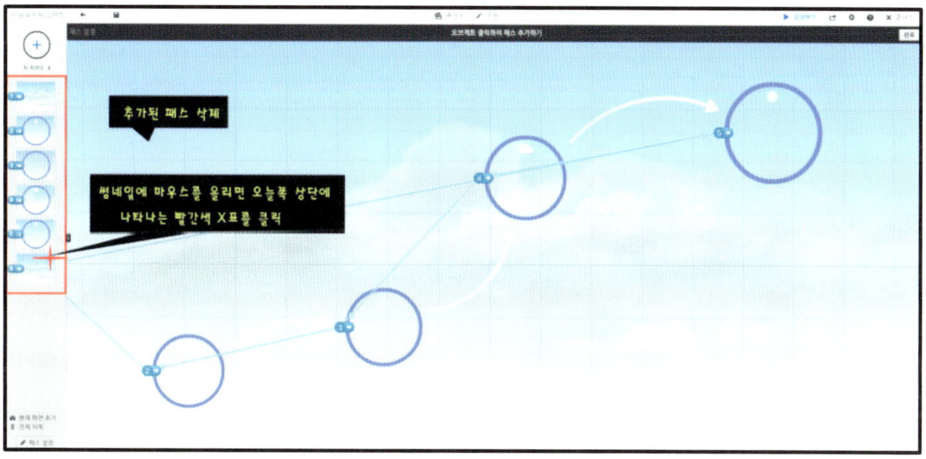

그림 102 패스 삭제

3) 현재 화면 추가

왼쪽 하단의 현재 화면 추가를 클릭할 경우에는 현재 화면에 보이는 이미지 전체가 캡처되어 마지막 패스로 설정된다(그림 103).

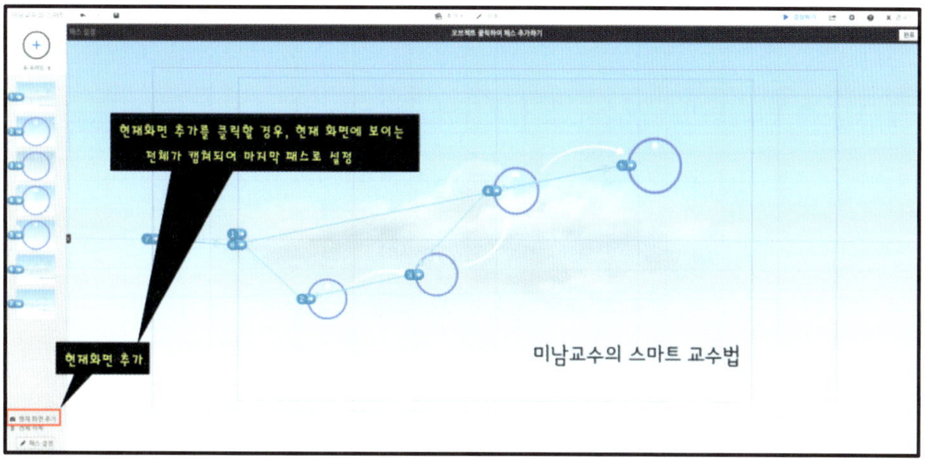

그림 103 현재 화면 추가

전체 삭제를 클릭할 경우에는 지금까지 설정했던 모든 패스가 사라진다. + 아이콘(캔버스에서 패스 순서를 나타내는 숫자 옆에 + 아이콘이 있음)을 드레그 하여 패스를 설정하려는 오브젝트에 놓으면 자동으로 패스가 설정된다. + 아이콘은 왼쪽 사이드바에서 패스 편집을 클릭한 경우에만 보인다(그림 104).

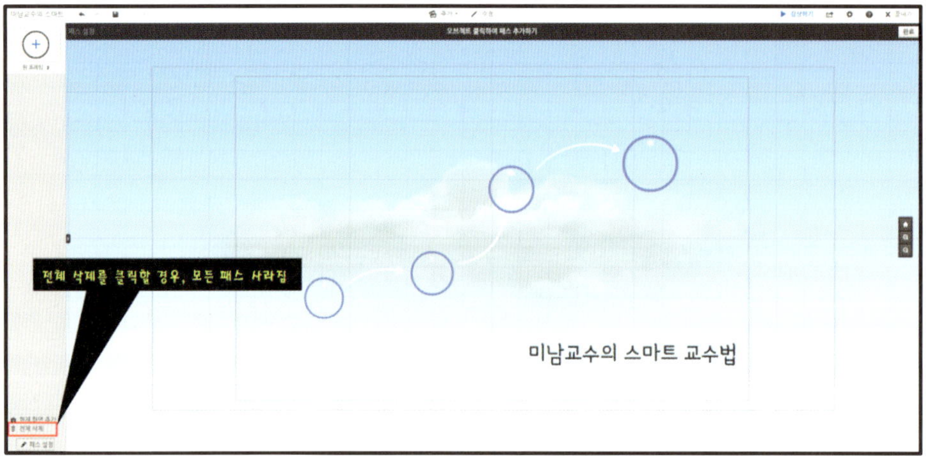

그림 104 패스 전체 삭제

4) 설정한 패스 보기

설정한 패스가 감상하기 모드에서 어떻게 움직이는지 보려면 감상하기를 클릭하면 된다. 설정한 패스에 따라 앞으로 가거나 뒤로 가려면 감상 모드에서 프레지 하단의 앞으로 가기, 뒤로 가기 버튼(세모 모양)을 클릭하거나, 키보드의 좌측, 우측 화살표를 클릭하거나, 리모콘, 클릭커를 이용할 수 있다.

패스 순서에 따라 감상하면서 줌인, 줌아웃, 패닝을 할 경우 패스 설정에 제약받지 않고 캔버스를 자유롭게 움직일 수 있다. 앞으로 가기, 뒤로 가기 버튼, 키보드의 화살표, 클릭커 버튼을 누르면 프레지가 설정한 패스에 따라 다시 움직인다. 주의사항은 이미 패스 설정이 된 프레임 내에 새로운 프레임을 만들 경우, 새로운 프레임에도 새로운 패스가 설정된다(그림 105, 106).

그림 105 설정한 패스에서 감상하기

그림 106 전체 화면으로 감상하기

5) 프레임 추가하기

프레임은 프레지 제작에 매우 중요한 부분이며, 오브젝트를 관리하는 매우 좋은 방법이다. 프레임은 슬라이드 또는 페이지와 같은 개념이며, 여러 아이디어를 하나로 묶는 데 사용될 수 있다. 내용에 프레임을 추가하면 그것이 한 페이지 또는 한 장면이 된다. 프레임을 먼저 만들고 내용을 추가해도 좋다.

4가지 모양의 프레임 중 선택할 수 있으며, 크기와 위치뿐만 아니라 색상도 변경이 가능하다. 이 프레임이 또 다른 매력 중 하나는 프레임을 캔버스에 추가한 후 자유자재로 위치 이동, 사이즈 조절, 회전이 가능하며, 프레임 안에 있는 모든 내용 역시 같은 비율로 움직일 수 있는 것이다(그림 107). 여러 내용을 순서대로 나타나게 하는 페이드-인 효과나, 내 이야기의 순서를 정하는 패스에서도 프레임이 유용하게 사용된다.

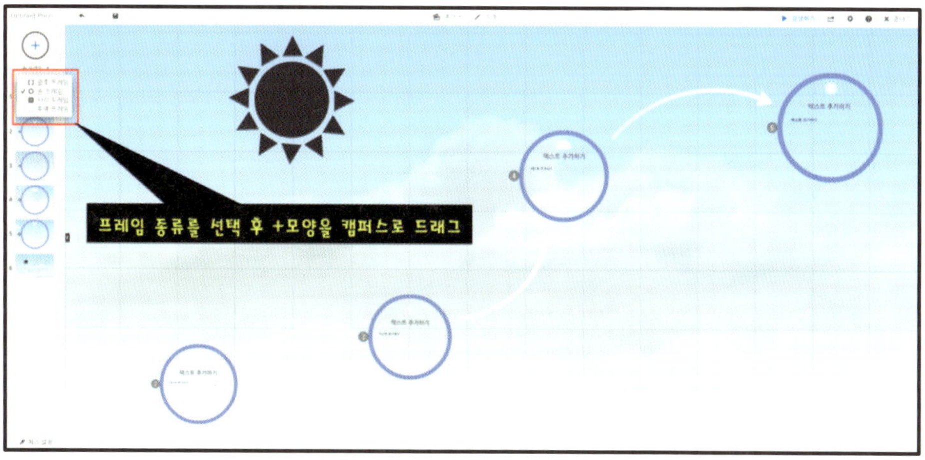

그림 107 프레임 추가하기

5. 테마 이용하기

프레지의 색상, 폰트, 배경을 변경하고 싶은 경우에는 테마를 변경해 이용한다.

Prezi

1) 테마 변경하기

한 테마에는 배경, 프레임 색상, 3가지 기본 폰트가 포함되어 있다. 테마 변경으로 이 3가지를 한 번에 쉽게 변경할 수 있다. 테마를 변경하려면 상단 메뉴바에서 수정을 선택하면 오른쪽 사이드가 나타나며, 여기서 원하는 테마를 선택하면 된다. 테마 변경으로 한 번에 배경, 프레임 색상, 3가지 기본 폰트가 변경되며, 현재 프레지에 적용된다(그림 108).

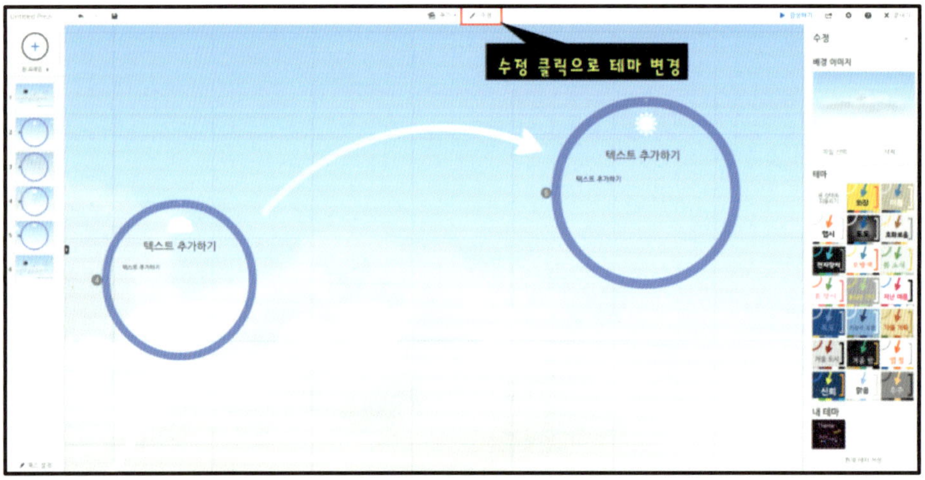

그림 108 테마 변경하기

선택한 테마가 마음에 안 들 경우 다른 테마를 선택하거나, 왼쪽 상단의 원본 상태로 되돌리기 클릭 시 원래 사용하던 테마로 돌아간다(그림 109, 110).

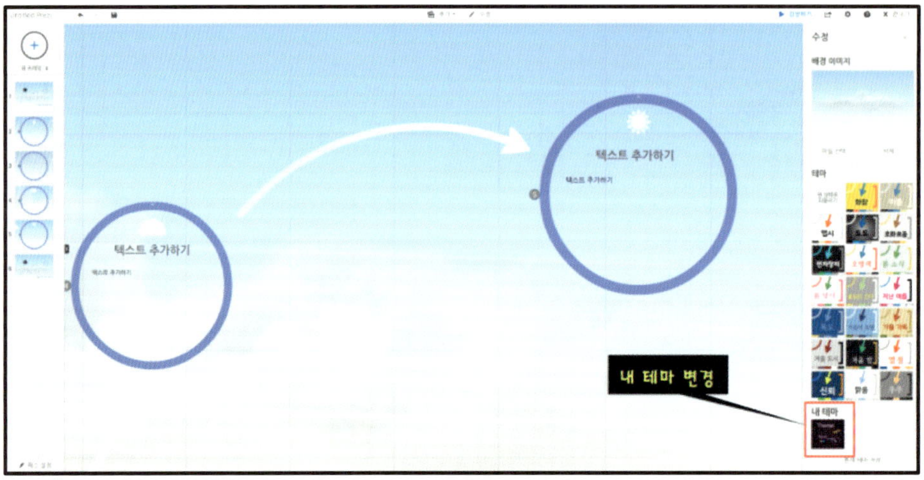

그림 109 내 테마 변경

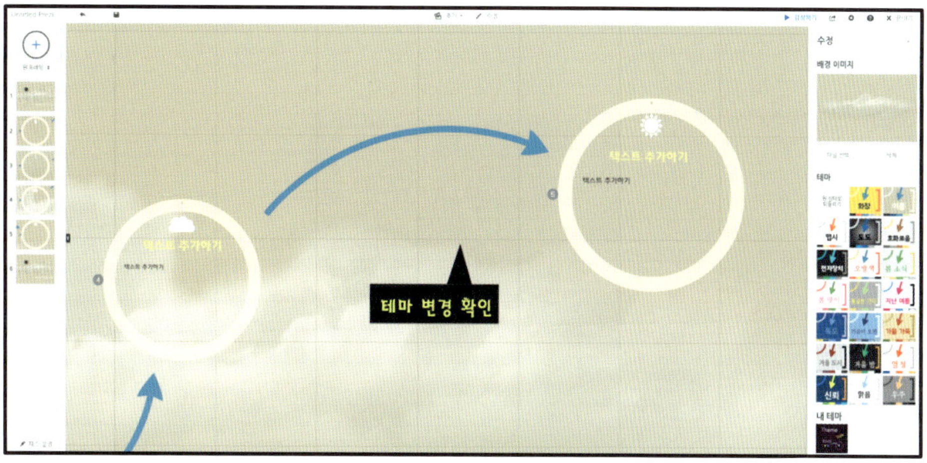

그림 110 테마 변경 확인

2) 내 스타일로 테마 설정하기

테마에 포함되어 있는 색상, 폰트, 배경을 변경하려면 테마 설정을 클릭하여 Theme Wizard 창을 열어 준다. 그러면 Theme Wizard 창이 나타나는데, 바로 이 창에서 내 스타일대로 테마를 설정할 수 있다. 하단의 Next를 클릭할 경우에는 폰트 및 폰트의 색상을 변경할 수 있으며, 프레지 배경색을 변경하려면 색상 팔레트에서 원하는 색상을 선택하면 된다(그림 111).

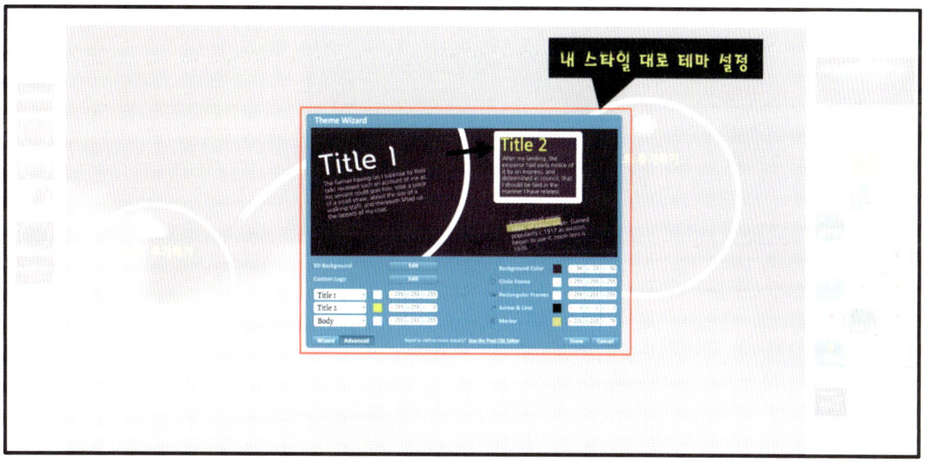

그림 111 내 스타일로 테마 설정하기

3) 3D Background 추가

3D Background는 최대 3장의 이미지를 업로드 할 수 있으며, 일반 이미지가 공간 느낌이 살아있는 3D 배경으로 나타난다(그림 112~115).

Prezi

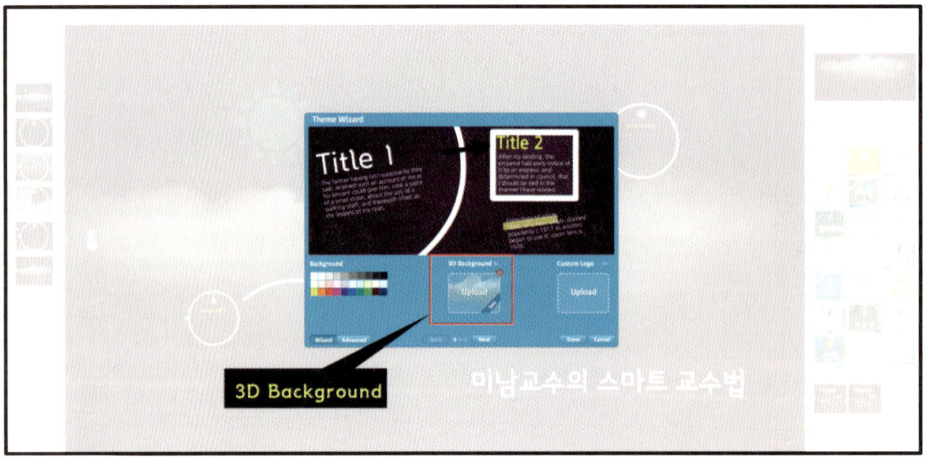

그림 112 3D Background 추가

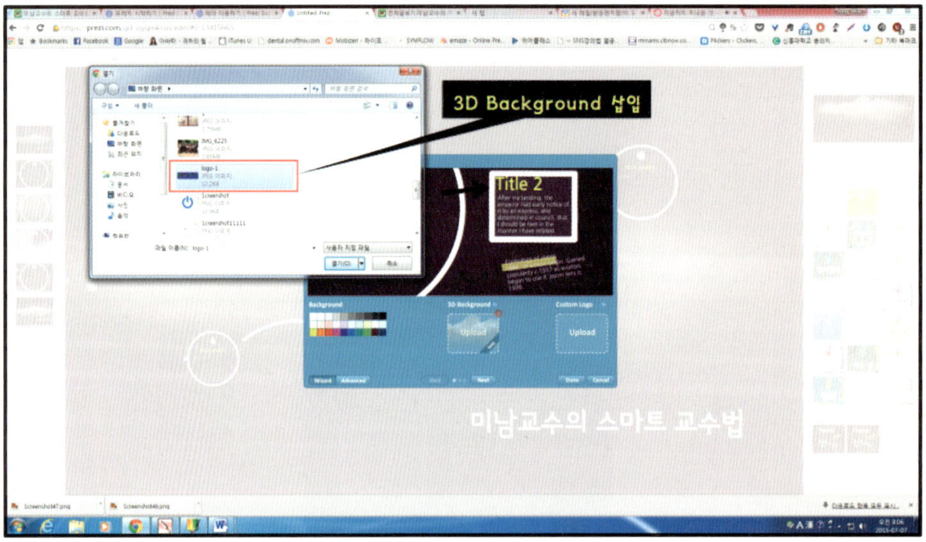

그림 113 추가할 3D Background 선택

그림 114 추가된 3D Background

그림 115 전체 화면에 추가된 3D Background

4) Custom Logo 추가

Custom Logo(나만의 로고)에는 인조이, 프로, 팀 회원은 나만의 로고를 프레지에 넣을 수 있다. 감상 모드와 휴대용 프레지에서 나의 로고가 나타나며, 다른 웹사이트에 임베딩 한 프레지의 경우 프레지 로고가 나타난다(그림 116~119).

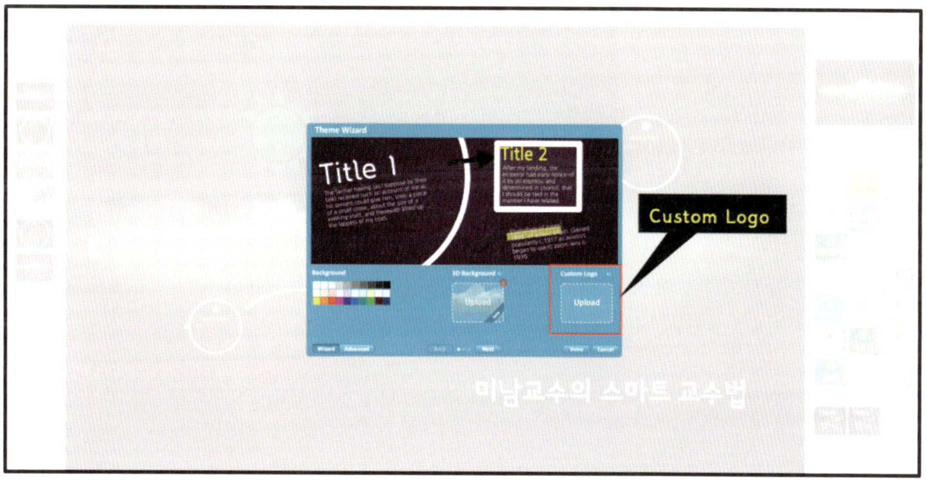

그림 116 Custom Logo 추가

Prezi

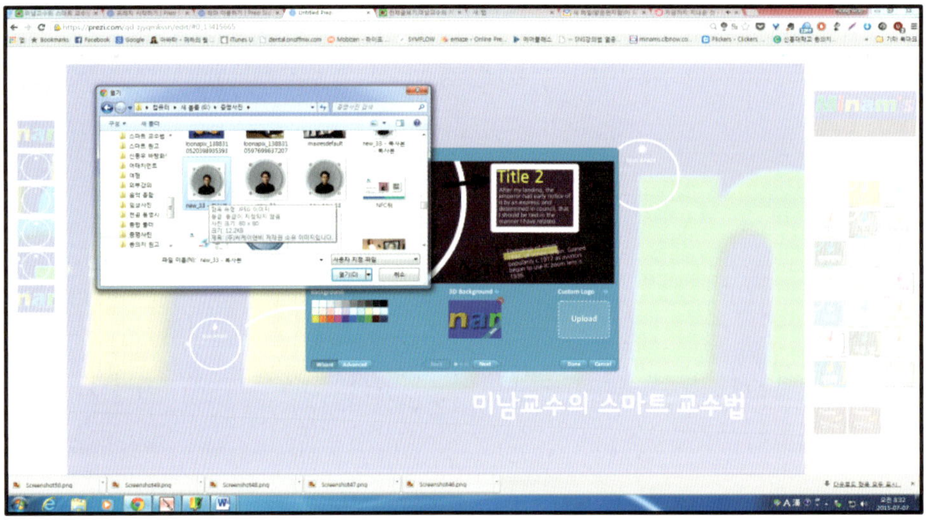

그림 117 추가할 Custom Logo 선택

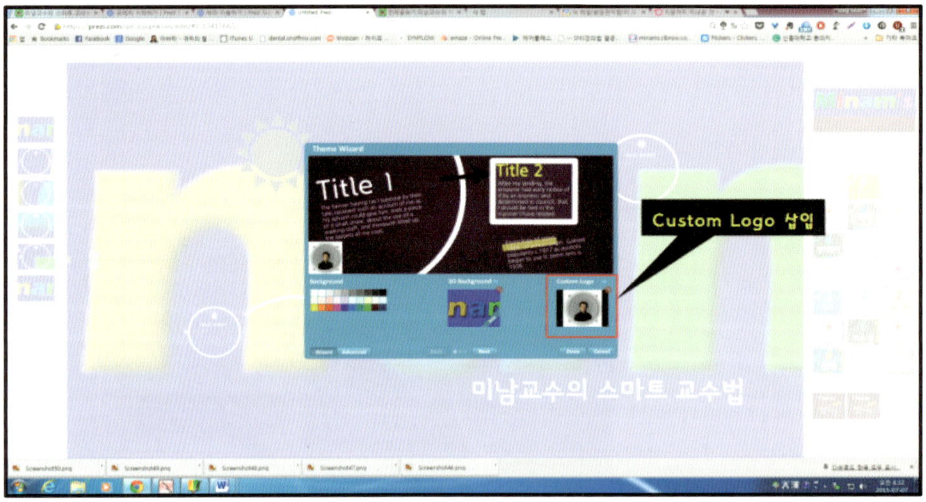

그림 118 추가된 Custom Logo

그림 119 전체 슬라이드에 삽입된 미남교수 로고

5) 폰트와 색상 선택

폰트와 색상(Fonts & Colors)에서 Next를 한 번 클릭한다. Title1, Title2, Body를 클릭 시 나타나는 드롭 다운 메뉴에서 폰트를 선택하고, 색상 팔레트에서 폰트 색상을 선택한다(그림 120).

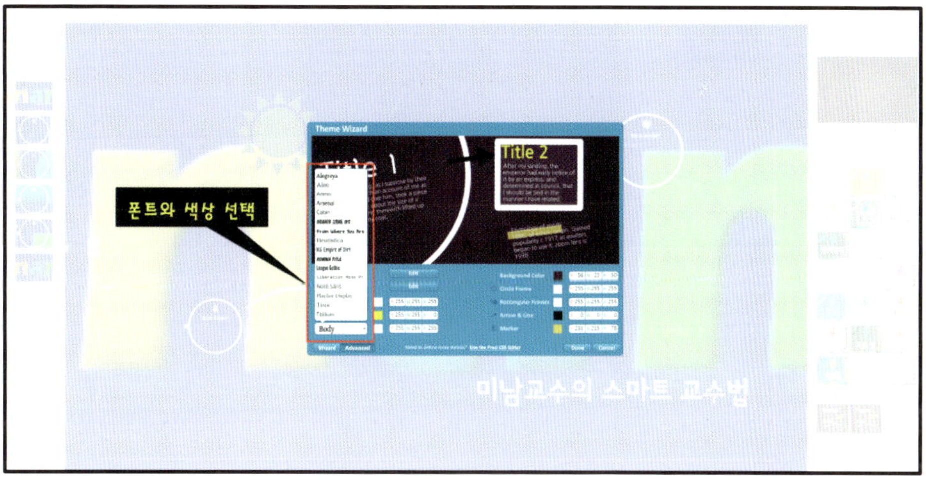

그림 120 폰트와 색상 선택

6) 모양 변경

모양(Shapes)을 변경하기 위해서는 Next를 두 번 클릭하면 창이 나타나며 프레임, 화살표, 형광펜 색상 변경을 할 수 있다(그림 121, 122).

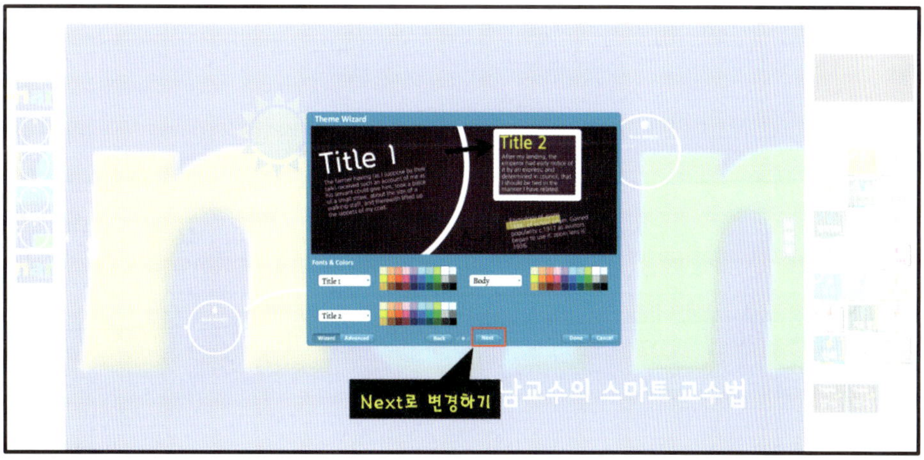

그림 121 모양 변경

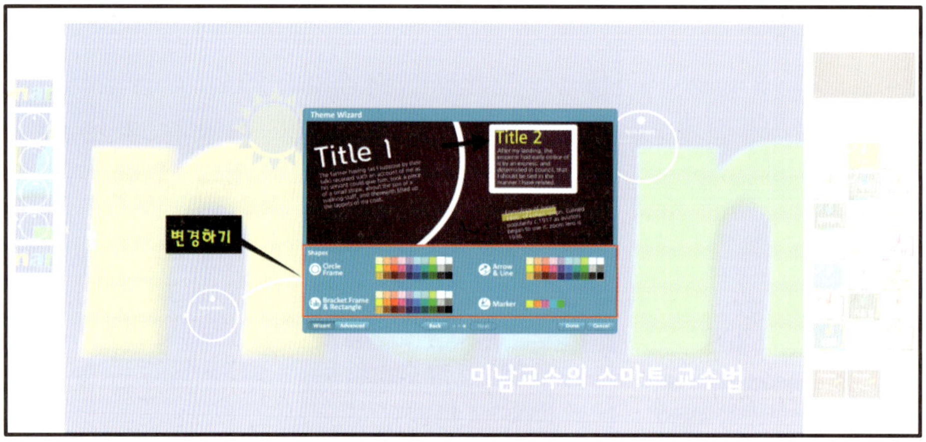

그림 122 프레임, 화살표, 형광펜 색상 변경

Next 대신 하단 왼편의 'advanced' 클릭하면 더욱 자세히 색상 선택을 할 수 있다. RGB란에 원하는 색상값을 넣어 원하는 색상으로 정확히 설정할 수 있다. 예를 들어, 회사 지정 색상이 있는 경우 RGB값을 넣어 표현할 수 있다(그림 123, 124).

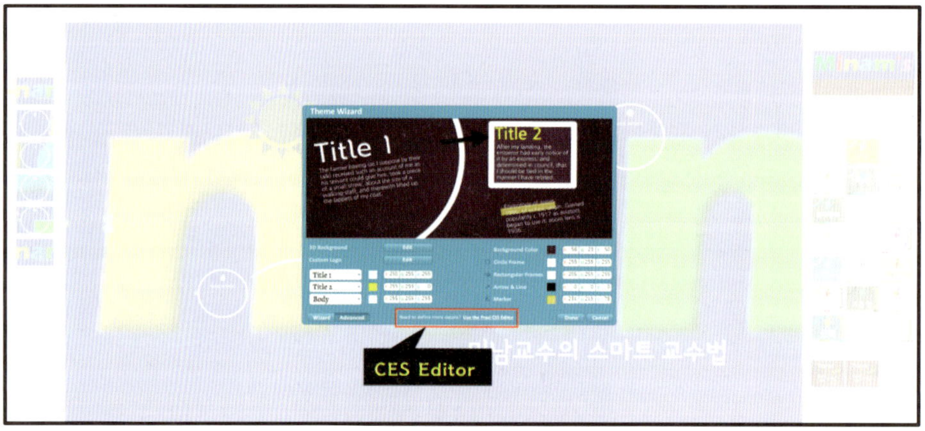

그림 123 CES Editor

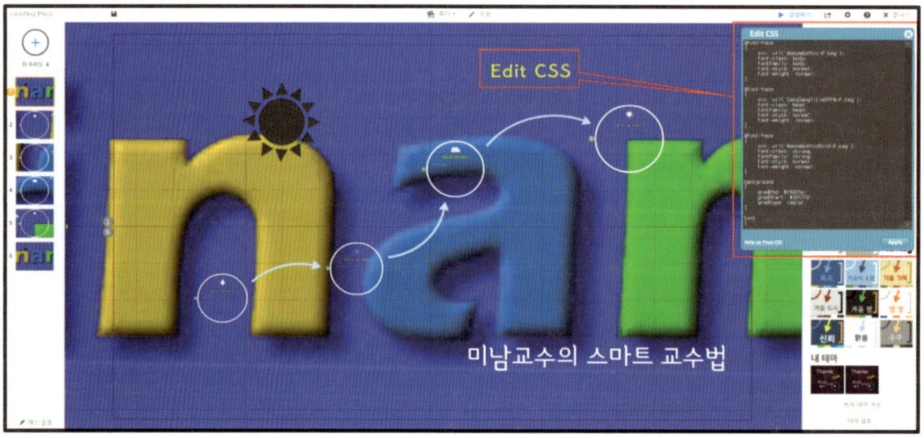

그림 124 CES Editor 창

7) 내 테마 저장해 두기

내 스타일에 맞게 원하는 설정을 모두 마친 경우에는 언제든 이 테마를 다시 사용할 수 있도록 테마 라이브러리에 저장해 놓고 사용한다. 상단 메뉴바에서 수정을 선택하고, 오른쪽 사이드바의 가장 하단에 있는 현재 테마 저장하기를 클릭한다. 그러면 저장한 테마가 내 테마에 나타나며, 언제든 필요할 때 클릭하여 사용할 수 있는데 5개까지 내 테마를 저장할 수 있다(그림 125, 126).

그림 125 내 테마 저장 선택

그림 126 내 테마 저장해 두기

6. 화면전환 및 애니메이션 효과

프레지를 프레지답게 만드는 효과이다. 화면전환 효과를 잘 활용할 경우에는 청중의 몰입과 집중을 이끌어 낼 수 있으며, 나의 프레젠테이션은 남들과 차별화된 인상 깊은 프레젠테이션이 될 수 있다. 프레지는 한 장면에서 다음 장면으로 넘어갈 때 평범한 페이지 또는 슬라이드 느낌에서 벗어나 자유로운 공간 활용이 가능하다. 화면전환 효과를 이용하여 속도감, 깊이감, 줌인, 줌아웃 등 프레지만의 고유한 효과를 표현할 수 있다. 기본적으로 프레지에 추가한 콘텐츠에 패스 설정이 되어 있고, 감상하기 버튼을

Prezi

클릭하면 화면전환 효과가 나타난다.

프레지의 페이드인 기능을 이용하면 프레지에 이미지나 텍스트를 나타나게 할 수 있다. 설정한 패스 순서에 따라 프레지가 움직이면서 페이드인 효과도 나타난다. 내용에 페이드인 효과를 넣으려면 반드시 그 내용은 프레임 내에 있어야 한다. 페이드인 효과를 주려면 나타나게 하려는 내용을 프레임 내에 넣어 준 후 다음 순서대로 설정해 주면 된다.

1) 프레임 내에서 페이드인 효과 넣기

편집 모드에서 왼쪽 사이드바의 '패스 설정'을 클릭한다(그림 127).

그림 127 프레임 내에서 페이드인 효과 넣기

페이드인 효과를 넣고 싶은 프레임의 왼쪽에 보이는 별을 클릭하고, 페이드인 효과창이 나타나면 나타나게 하려는 내용 위로 마우스를 가져간다. 내용이 활성화되고, 이를 클릭하면 페이드인 효과가 적용된다. 적용된 내용은 초록색 별 모양이 나타나는데 이 별에는 숫자가 보이고, 이 숫자의 순서대로 프레임 안에서 각 내용이 나타난다(그림 128).

그림 128 프레임의 왼쪽에 보이는 별 클릭으로 페이드인 효과 설정

페이드인이 되는 순서를 변경하려면 좌측 상단의 'Reset'을 클릭하면 지금까지 선택한 페이드인 순서가 모두 삭제된다. 모두 완료 후 상단 오른쪽의 'Done'을 클릭한다. 한 프레임 내에서 여러 오브젝트를 한 번에 나타나게 하려면 여러 오브젝트를 그룹으로 묶어준다. 단, 이미 페이드인 효과를 넣은 그룹 내용에 새로운 내용을 추가로 그룹화할 경우 새로운 개체에는 기존의 페이드인 효과가 적용되지 않는다. 이 경우에는 페인드인 효과를 새로운 그룹에 재설정해야 한다(그림 129~132).

Prezi

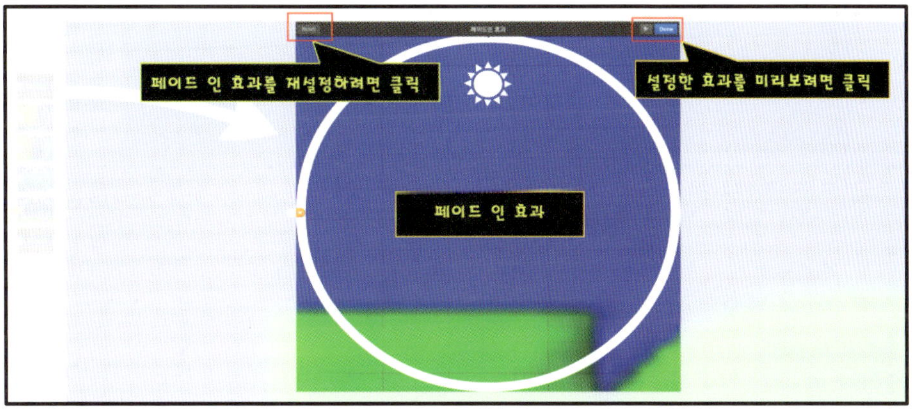

그림 129 페이드인 효과 재설정

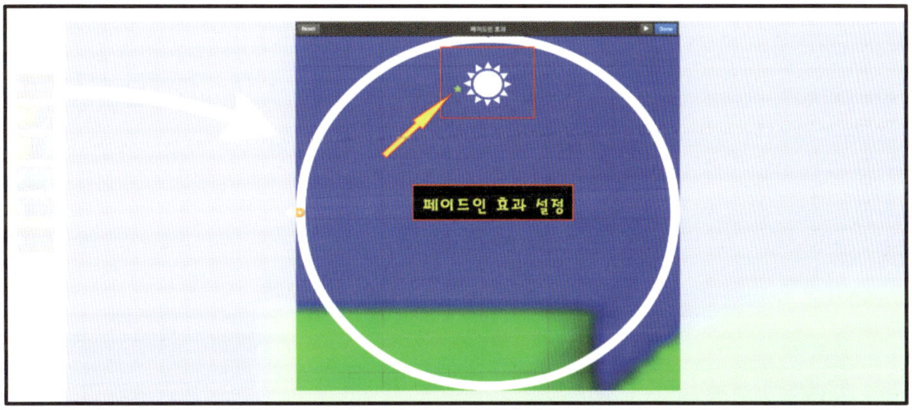

그림 130 설정된 페이드인 효과

그림 131 현재 테마 저장

그림 132 저장된 현재 테마

7. 오토 플레이와 반복 플레이

Prezi

프레젠테이션 시 오토 플레이 기능을 이용하여 자동으로 프레지가 플레이되도록 설정할 수 있다. 패스 간 이동 시간을 설정하여 플레이 속도를 조정할 수 있으며, 프레지를 반복적으로 재생하여 청중이 계속해서 프레지를 감상하도록 할 수 있다. 프레지에 패스를 설정한 다음 상단 왼쪽의 감상하기 버튼을 클릭한다. 화면의 오른쪽 하단에 있는 설정 모양 아이콘을 클릭하여 4초, 10초, 20초 중 원하는 패스 간 이동 시간을 설정한 후 편안하게 프레지가 자동 플레이되는 것을 감상하면 된다. 자동재생 중 멈추려면 다시 시계 아이콘을 누르고, 'Off'를 클릭하거나 화면 하단에 있는 '앞으로 가기', '뒤로 가기' 화살표를 클릭하면 된다. 키보드의 좌, 우 방향키를 눌러도 자동재생을 멈출 수 있으며, 임베드된 프레지에서도 위와 동일한 방법으로 오토 플레이가 적용된다(그림 133~135).

그림 133 감상하기 클릭

그림 134 전체 화면 감상하기 모드

그림 135 이동 시간 및 오토 플레이 설정

8. 휴대용 프레지 다운로드

휴대용 프레지란 편집이 불가능한 감상 전용의 프레지로, 온라인 또는 윈도우용/맥용 프레지에서 만든 프레지를 다운받으면 휴대용 프레지로 만들 수 있다. 휴대용 프레지는 인터넷, 프레지 계정, 윈도우용/맥용 프레지 없이도 언제, 어디서, 누구나 플레이가 가능하다. 인터넷 사용이 불가능한 상황에서 발표해야 하는 경우에 유용하며, 컨퍼런스 시작 전 미리 관계자들에게 보낼 수도 있다. 윈도우·맥에 상관없이 어떤 플랫폼에서도 플레이가 가능하다. 휴대용 프레지 내에는 플레이에 필요한 모든 것이 포함되어 있어 어떠한 것도 추가로 설치할 필요가 없다. 뿐만 아니라 컴퓨터에 어떠한 것도 설치하지 않으므로 보안상 걱정하지 않아도 된다.

휴대용 프레지로 가능한 것은 첫째, 맥이나 윈도우에서도 인터넷 연결 없이 플레이가 가능하고, 둘째, CD 및 DVD에 담을 수 있고, 셋째, 편집은 불가능하나 감상은 가능하다. 휴대용 프레지는 편집이 불가능하다. 수정하고 싶은 경우에는 prezi.com이나 윈도우용/맥용 프레지에서 프레지를 수정한 후 다시 다운로드하거나 휴대용 프레지로 내보내기를 하면 된다. 임베드된 유튜브 비디오를 재생하려면 인터넷 연결이 필요하다. 휴대용 프레지는 윈도우용/맥용 프레지에서 만든 .pez 파일과 같지 않기 때문에 휴대용 프레지를 열기 위해서 맥 사용자의 경우 최소 10.6 이상의 버전과 윈도우 사용자의 경우 최소 Window XP가 필요하다.

내 프레지에 가서 원하는 프레지를 선택한 다음 프레지 화면 아래에 있는 다운로드 버튼을 클릭하고, 감상하기 선택 후 다운로드를 클릭한다. 컴퓨터 성능과 인터넷 연결 상태에 따라 차이가 있으나 몇 분 이내에 다운로드된다. 프레지 다운로드 중이라는 메시지가 나타나며, 만약 나타나지 않을 경우에는 다운로드를 다시 실행해 준다(그림 136~138).

그림 136 휴대용 프레지 다운로드

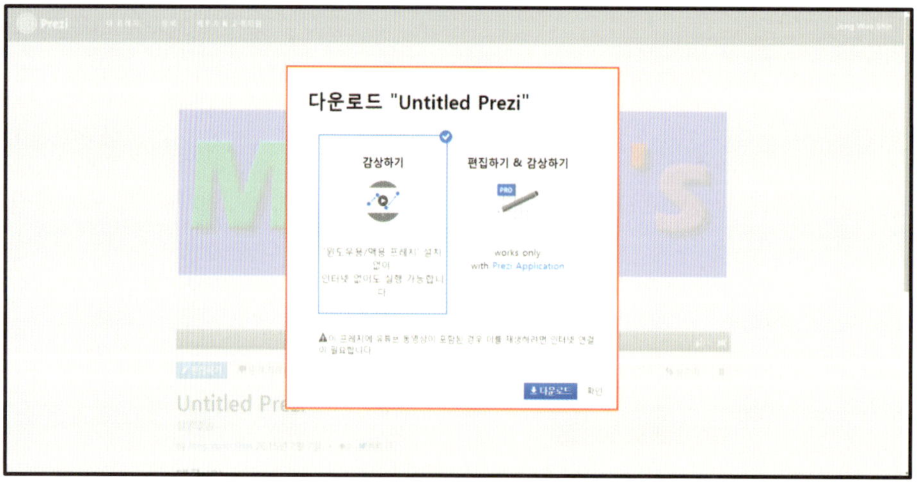

그림 137 휴대용 프레지 다운로드 선택

Prezi

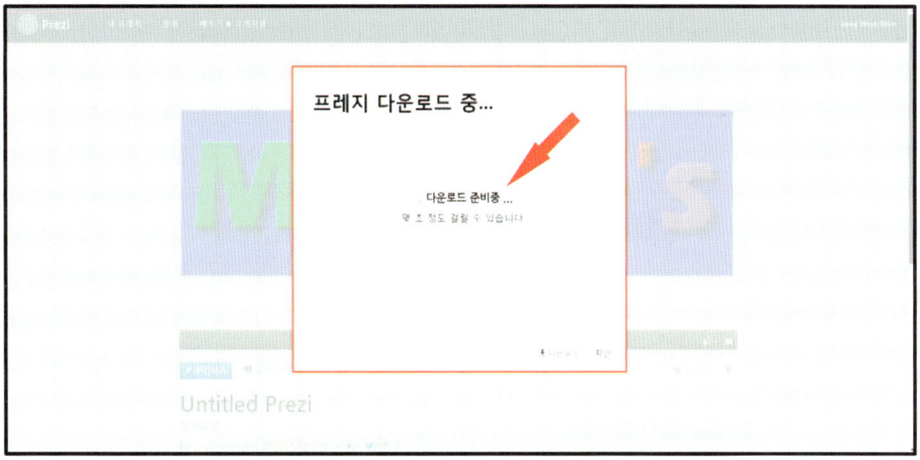

그림 138 휴대용 프레지 다운로드 중

휴대용 프레지는 하드 드라이브에 zip 파일 형태로 저장되는데, 윈도우 사용자가 반드시 주의할 사항은 휴대용 프레지 다운로드 시 파일 이름이 지나치게 긴 경우 파일이 열리지 않을 수 있다. 이는 휴대용 프레지상의 문제가 아니라 윈도우 운영 방식 때문이다. 그러므로 휴대용 프레지를 다운받아 저장 시 파일 이름을 짧게 하고, 여러 하위 폴더가 있는 경로에 저장하는 것을 피해준다. 경로가 지나치게 길다는 에러 메시지가 나타날 경우 파일 이름을 짧게 해서 다시 저장해 주어야 한다. 압축을 푼 후(Unzip), Prezi.exe(윈도우) 또는 Prezi(맥)를 클릭하면 프레지가 재생된다. zip 파일 형태로 이메일 첨부가 가능하며 누구에게나 보낼 수 있다. 단, zip 폴더에 있는 어떤 파일도 삭제하면 안 된다. 삭제 시 휴대용 프레지가 제대로 재생되지 않을 수 있다(그림 139~148).

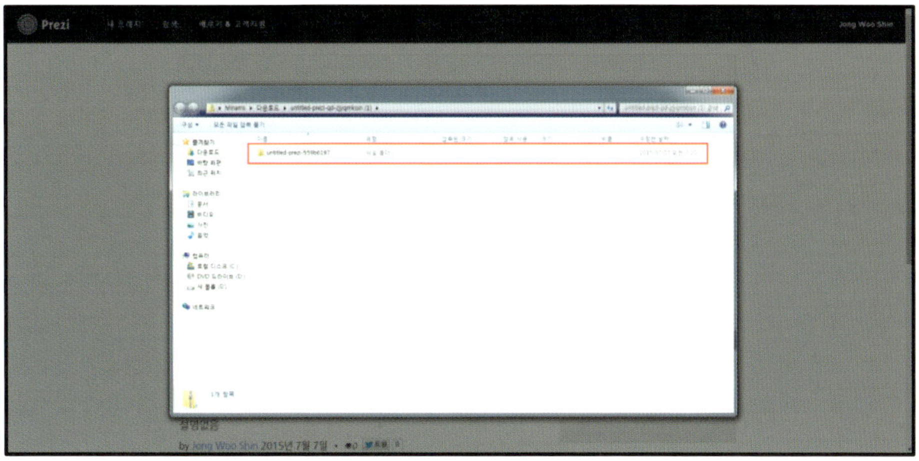

그림 139 zip 폴더

Prezi

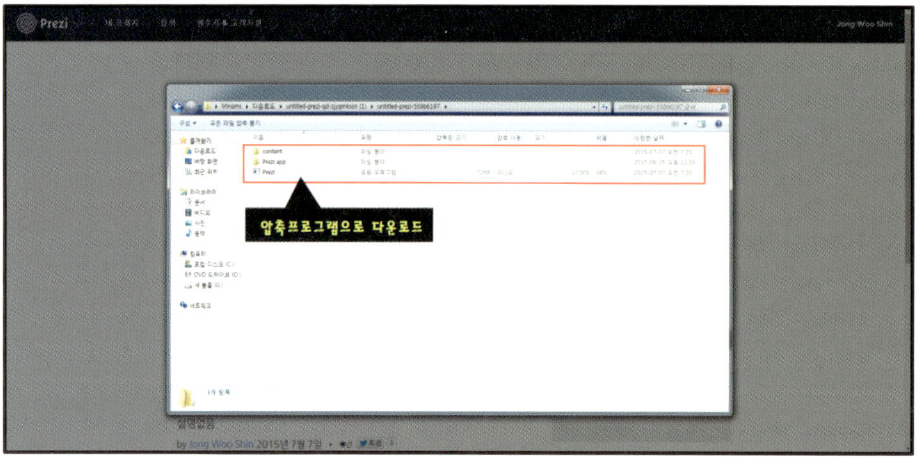

그림 140 zip 프로그램으로 다운로드

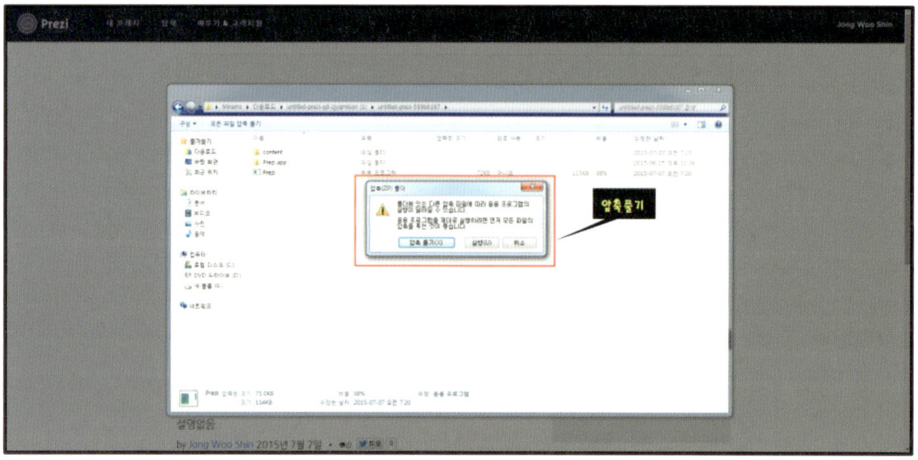

그림 141 압축 풀기

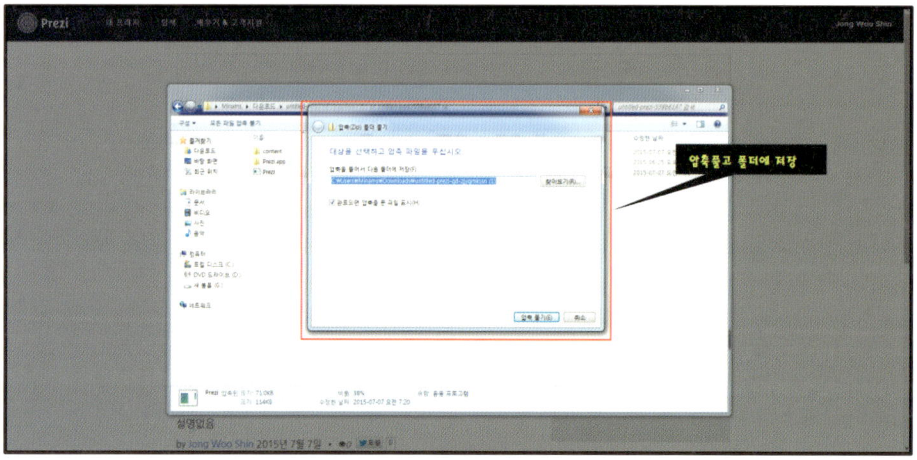

그림 142 압축 풀고 폴더에 저장

Prezi

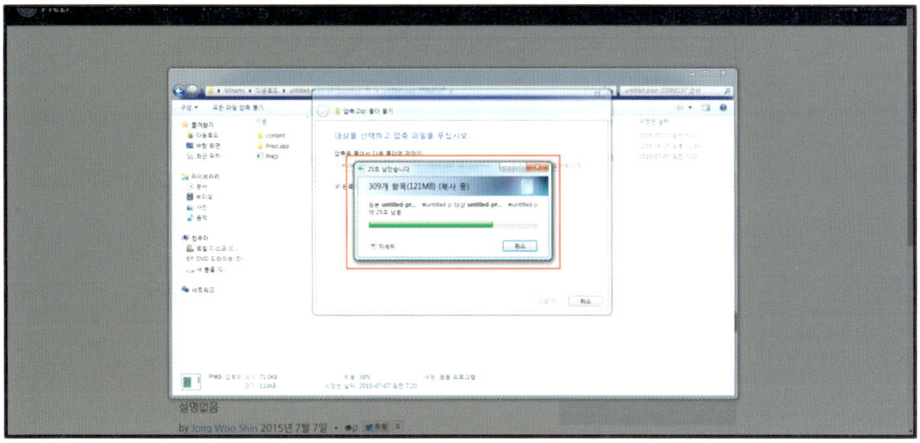

그림 143 폴더에 저장 중

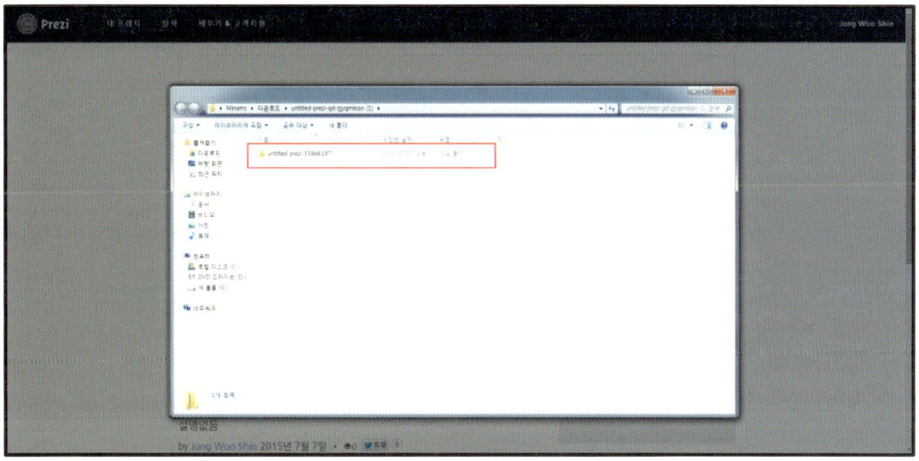

그림 144 저장된 폴더

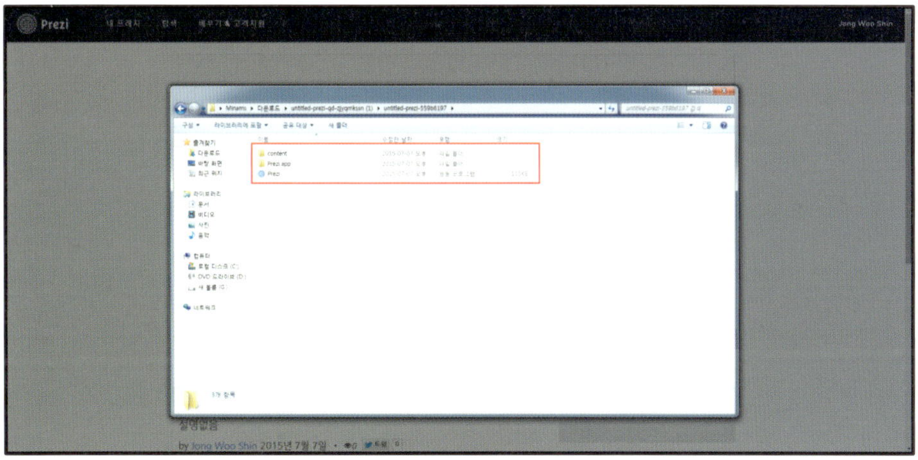

그림 145 저장된 폴더 열기

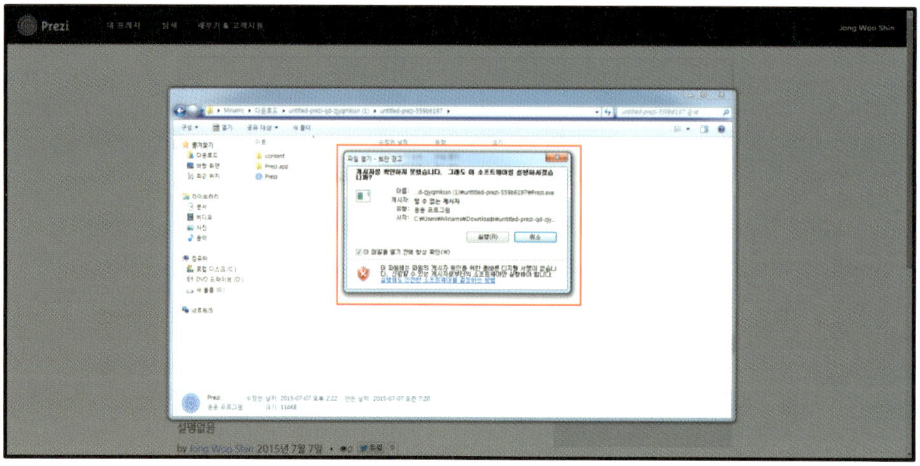

그림 146 저장된 폴더 실행하기

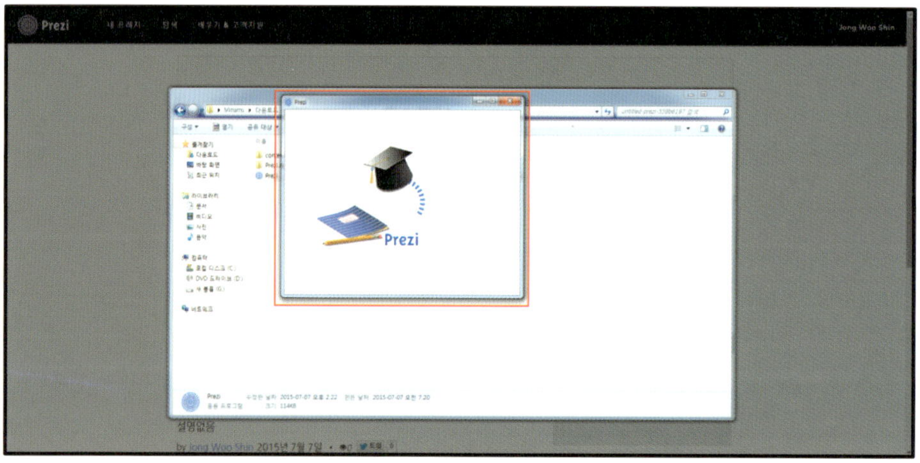

그림 147 실행 중

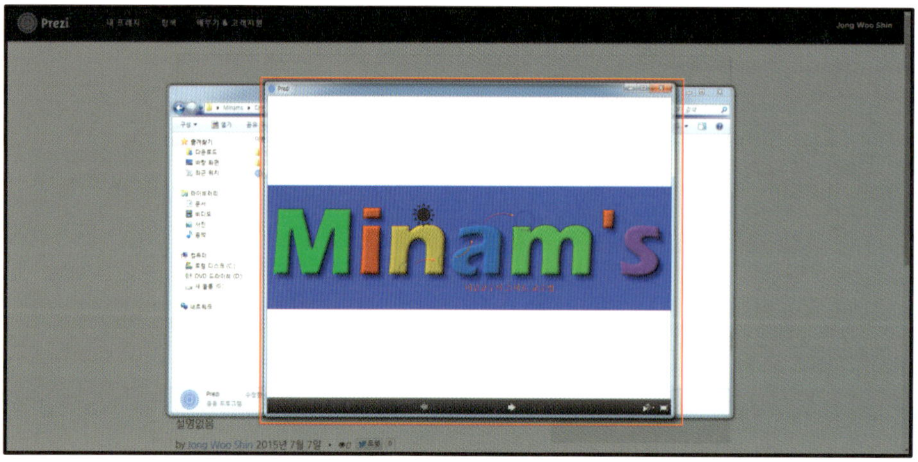

그림 148 감상하기로 실행된 프레지 폴더

9. 프레지 임베딩

내 프레지를 블로그나 웹사이트에 임베딩 하여 나타나게 할 수 있다. 프레지를 블로그 및 웹사이트로 업로드 하여 임베딩 할 경우에는 프레지는 크기만 축소될 뿐 일반 프레지와 모든 면에서 동일하다. 프레지 하단에 있는 화살표 이동키를 클릭하여 이전 화면 또는 다음 화면으로 이동이 가능(화살표 왼쪽 방향키 또는 오른쪽 방향키)하며, 프레지만의 독특한 특징인 주밍 및 원하는 곳으로 이동도 일반 프레지와 같이 가능하다. 프레지 임베드 시 프레지에 설정된 패스 스텝대로만 움직이게 설정하거나 보는 사람이 자유롭게 주밍 또는 이동이 가능하도록 설정할 수 있다.

간단한 HTML 코드를 이용하여 쉽게 프레지를 임베딩 할 수 있다. 이 코드를 생성하고 원하는 대로 프레지를 설정하려면 내 프레지에서 임베드 하려는 프레지를 찾아 클릭한 다음 프레지 하단에 보이는 임베드 태그 버튼을 클릭한다(그림 149).

그림 149 프레지 임베딩

임베드 태그 버튼 클릭 시 다음과 같은 팝업창이 나타난다. 클립보드로 코드 복사 버튼을 클릭하여 임베드 코드를 나의 클립보드로 복사한다. 가로 또는 세로 크기를 입력하여 프레지의 가로 및 세로 크기를 조절할 수도 있다. 또한 프레지를 감상하는 사람이 자유롭게 프레지 화면을 이동 및 주밍 가능하도록 설정하거나, 정해 놓은 순서에 따라 이전 또는 다음 화면으로만 이동하도록 설정할 수 있다(그림 150).

공개 웹사이트에 비공개 프레지를 임베드 할 경우 웹사이트에 방문한 사람은 자신의 프레지 계정으로 로그인해야만 프레지를 볼 수 있다. 웹사이트나 블로그에 임베드된 프레지를 모바일 브라우저에서 바로 감상하는 것은 현재 지원되지 않는다. 그러나 프레지 모바일 앱(아이패드용, 아이폰용, 안드로이드용)을 다운로드 하여 감상할 수 있다. 웹사이트에 임베드된 프레지를 모바일 기기에서 탭 할 경우, 프레지 앱이 설치된 경우 자동으로 프레지 앱에서 프레지가 열린다(프레지 앱이 설치되지 않은 경우 위의 링크를 클릭하여 설치해 준다). 프레지 앱에서 프레지를 평소와 동일하게 감상하고 이동할 수 있다.

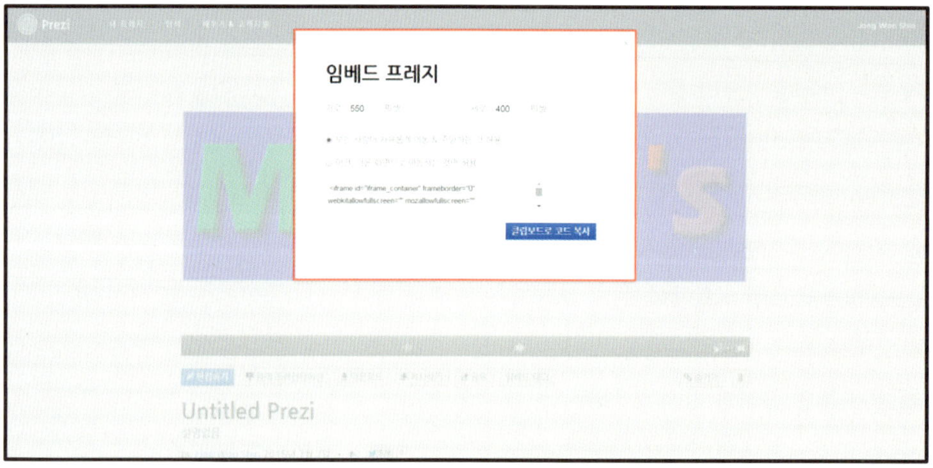

그림 150 임베드 창

10. 원격 프레젠테이션

1) 실시간 원격 프레젠테이션

인터넷만 있다면 프레지를 실시간으로 최대 30명에게 원격으로 프레젠테이션을 할 수 있다. 이 온라인 프레젠테이션에 참가하고 싶은 사람은 프레지 라이선스가 없어도 가능하다. 프레젠테이션을 하고 싶은 프레지를 내 프레지에서 찾아 클릭한 다음 하단에 보이는 편집하기 버튼을 클릭하여 준다. 에디터 내에서 상단 오른쪽에 보이는 공유 아이콘을 클릭 후 원격 프레젠테이션을 클릭한다(그림 151, 152).

그림 151 원격 프레젠테이션 하기

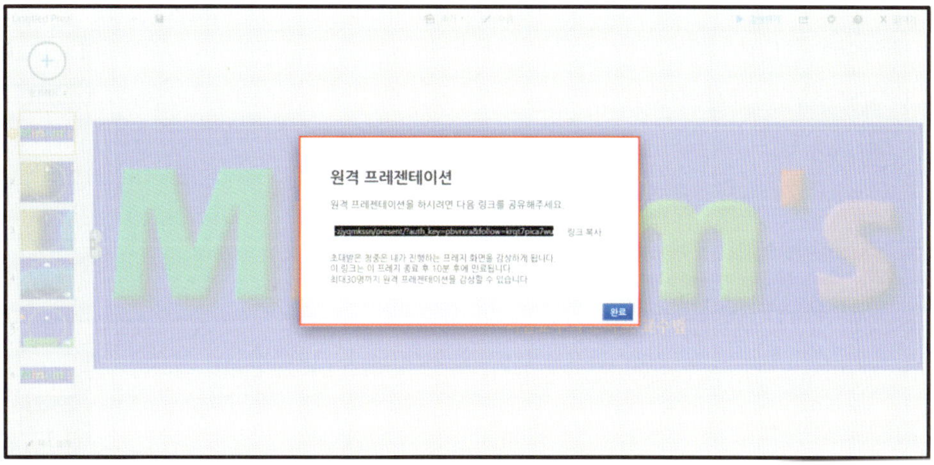

그림 152 원격 프레젠테이션 창

링크를 복사하여 프레젠테이션 감상을 원하는 사람에게 이 링크를 보내면 된다. 링크를 이용하여 내 프레지를 감상하는 청중은 오직 감상만 가능하며 편집할 수 없다. 이 링크는 내가 발표(프레지)를 종료한 후 10분 후에 만료되며, 최대 30명이 한 프레지를 동시에 감상할 수 있다. 아래와 같이 '편집하기'를 클릭하여 편집 모드에서 프레젠테이션을 시작하는 방법 이외에 랜딩 페이지(하단에 '공유', '편집하기' 등 여러 버튼이 보임)에서 하단에 보이는 여러 버튼 중 '원격 프레젠테이션' 버튼을 클릭하여도 위와 같은 공유 링크가 생성된다(그림 153, 154).

그림 153 원격 프레젠테이션 선택

Prezi

그림 154 원격 프레젠테이션 창

나의 링크를 받은 온라인 청중이 링크를 클릭하였으나 내가 프레젠테이션을 시작하지 않은 경우, 내가 프레젠테이션을 시작하기 전에는 다음과 같은 메시지가 청중의 화면에 나타난다(그림 155).

그림 155 청중 화면에 표시된 메시지

2) 편집하기

발표 중 프레지 내용을 수정해야 할 경우 언제든지 Esc 키를 누르면 프레젠테이션에서 나가 원하는 수정을 할 수 있다. 또는 상단 오른쪽 화면에 마우스를 놓으면 보이는 연필 아이콘을 클릭하여도 편집 모드로 돌아가 편집할 수 있다.

편집 모드로 편집을 하여도 내가 프레젠테이션을 종료하지 않는 한 청중은 감상 모드로 프레지에 남아있게 된다. 편집 모드에 있을 경우 다음과 같은 메시지가 나타나며, 프레젠테이션으로 돌아가려면 돌아가기를, 프레젠테이션을 종료하려면 프레젠테이션 종료를 클릭하면 된다(그림 156).

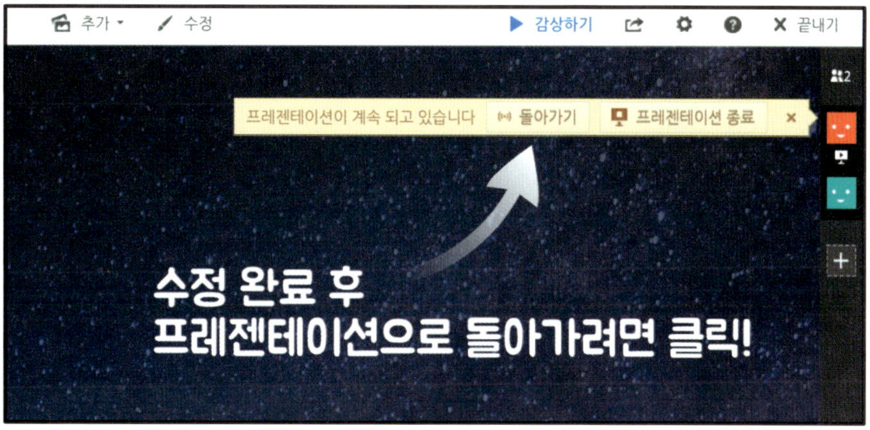

그림 156 내용 수정하기

3) 발표 권한 넘기기

발표 중 다른 사람에게 발표 권한을 넘길 수 있다. 오른쪽 사이드바에 보이는 아바타 중 원하는 사람을 찾아 클릭한 후 발표 권한 넘기기를 클릭하면 된다. 발표 권한을 받은 사람은 이제 자신이 발표 중임을 나타내는 메시지가 나타난다(그림 157, 158).

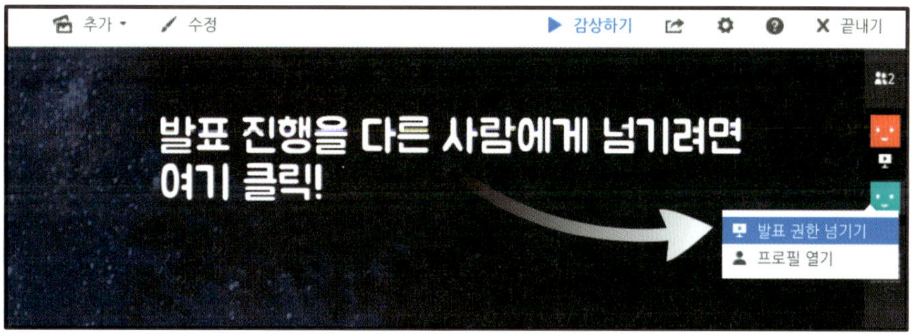

그림 157 발표 권한 넘기기

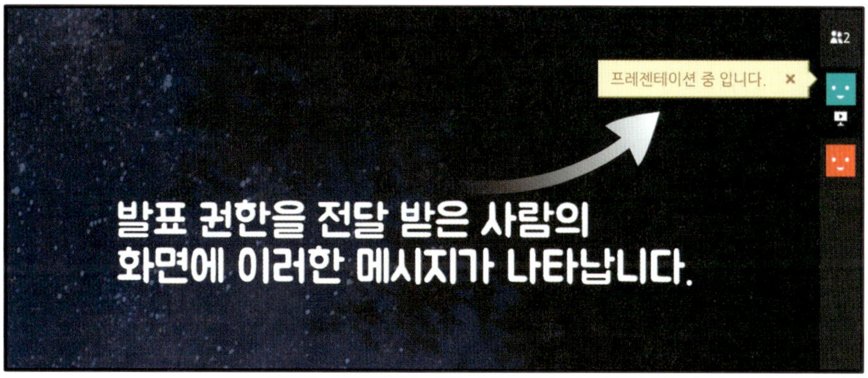

그림 158 전달받은 사람의 화면에 표시된 메시지

Prezi

4) 프레젠테이션 종료하기

프레젠테이션을 종료하려면 오른쪽 사이드바에서 나의 아바타를 클릭하면 나타나는 프레젠테이션 종료를 클릭하면 된다(그림 159).

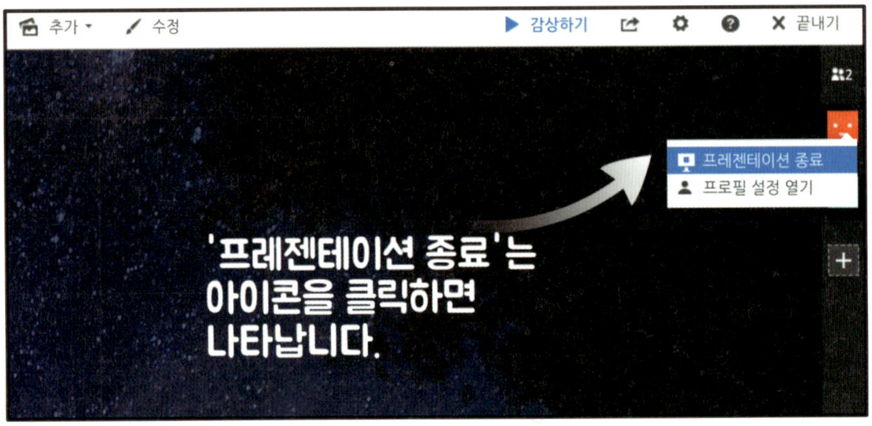

그림 159 프레젠테이션 종료

사이드바 상단에 마우스를 대면 나타나는 '〈'를 클릭하면 사이드바가 확장되면서 프레젠테이션 종료 버튼이 나타난다(그림 160).

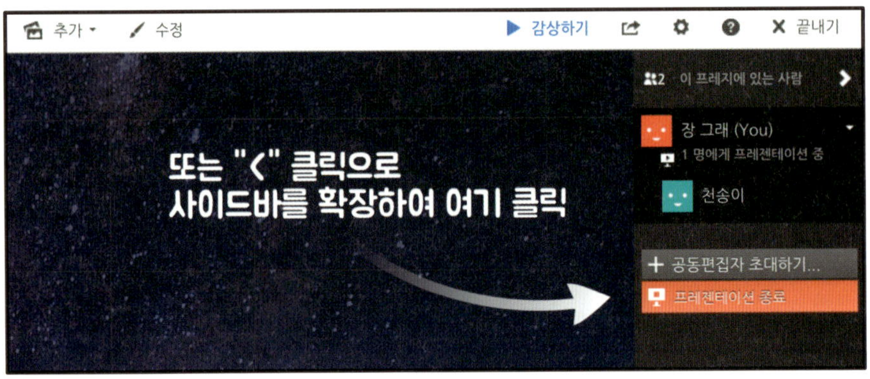

그림 160 사이드바를 확장하여 프레젠테이션 종료

5) 더 많은 사람을 프레젠테이션에 초대하기

사이드바 상단에 마우스를 대면 나타나는 '〈'를 클릭하면, 확장되면서 나타나는 프레젠테이션에 초대하기 버튼을 클릭하여 준다(그림 161).

그림 161 공동편집자 초대하기

6) 온라인 청중의 경우

브라우저 창을 종료하면 감상중이던 원격 프레젠테이션이 정지된다. 중요사항은 프레지 주인으로서 프레지를 종료할 경우 원격 프레젠테이션이 모두 종료된다. 원격 프레젠테이션 링크는 프레지 주인이 원격 프레젠테이션을 종료 후 10분이 지나면 만료된다. 이 링크는 감상 전용 링크로, 이 링크를 받은 사람은 감상만 가능하며 편집할 수 없다. 내가 보낸 링크를 받은 사람은 내 프레지를 저장할 수 없으며, 내 프레지는 받은 사람의 프레지 계정에 저장되지 않는다.

11. 프레지 복사하기

내 프레지의 경우 만약의 경우를 내비할 수 있으며, 다른 사람이 만든 프레지의 경우 복사하여 원하는 대로 편집하여 사용할 때 유용하다. 내 프레지 페이지에서 복사하려는 프레지를 클릭하여 열어 주면 랜딩 페이지에서 프레지 하단에 여러 옵션 버튼이 보인다(편집 모드에서는 옵션 버튼이 나타나지 않는다). 옵션 버튼 중에서 복사하기 버튼을 누르면 프레지가 복사된다. 복사된 프레지는 내 프레지 페이지에서 가장 앞에 놓여 있다. 내가 만든 프레지나 다른 사람이 만든 경우 공개 & 재사용으로 설정된 프레지만 복사가 가능하다. 복사된 프레지는 내 프레지에서 확인할 수 있다(그림 162).

그림 162 복사하기

1) 프레지 제목 및 설명 변경 방법

프레지 제목 및 설명을 변경하려면 내 프레지에서 제목을 변경하려는 프레지를 찾아 클릭한다. 내 프레지 페이지에서 프레지 썸네일에 마우스를 대고 보이는 편집 버튼을 클릭하면 편집 모드가 되므로 클릭하지 말아야 한다. 편집 모드가 아닌 랜딩 페이지인 경우 제목 위에 마우스를 올려놓으면 오른쪽에 연필 아이콘이 나타난다. 이때 이 연필 아이콘을 누르면 제목을 변경할 수 있다. 같은 방법으로 제목 아래에 프레지에 대한 설명을 써 넣을 수 있다(그림 163~166).

그림 163 프레지 제목 변경

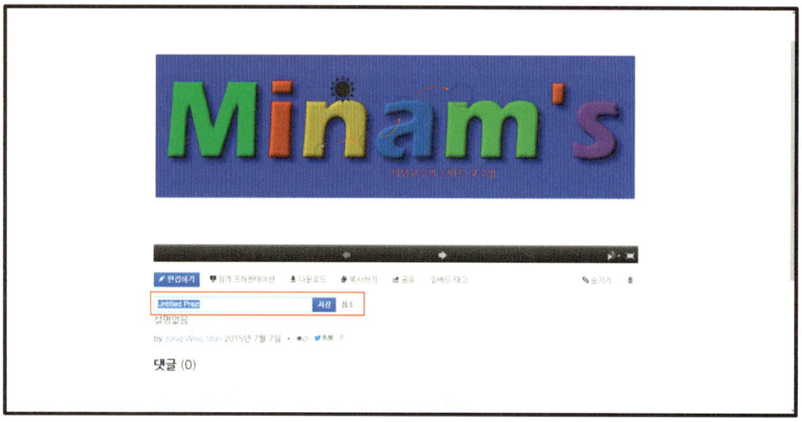

그림 164 변경할 프레지 제목 창

그림 165 미남교수의 프레지로 제목 변경

그림 166 변경된 프레지 제목

12. 프레지 인쇄하기

프레지를 인쇄하는 것은 온라인 에디터뿐만 아니라 프레지 윈도우/맥에서도 가능하다. 우선 인쇄를 하려면 프레지를 PDF로 저장해야 한다. 프레지에서 하나의 패스 스텝이 PDF에서 한 페이지로 나타나기 때문에 PDF로 인쇄된 프레지가 컴퓨터상의 프레지와 일치하지 않는 경우 패스를 편집하는 것이 도움이 된다.

프레지를 인쇄하려면 편집 모드 내에서 오른쪽 상단의 공유 아이콘을 클릭한 다음 PDF 다운로드를 클릭해 준다(그림 167).

Prezi

그림 167 인쇄하기

다운로드를 진행하면 패스 스텝이 페이지로 전환되기 시작한다. 전환이 완료되면 PDF로 저장하기가 나타나는데, 이때 클릭하여 제목과 파일 저장 경로를 지정한 후 저장하면 내 프레지가 PDF로 저장된다. 제목과 경로 지정 후 저장을 클릭하면 프레지의 한 패스 스텝이 PDF의 한 페이지로 저장된다(그림 168, 169).

PDF 파일의 첫 페이지는 프레지 전체를 보여주는 미리보기 페이지이며, PDF가 지원되는 어떠한 소프트웨어(예: 어도비 리더)에서도 저장한 PDF를 열 수 있고, 컴퓨터에서 이 PDF를 바로 인쇄할 수 있다. 같은 내용이 여러 페이지로 인쇄되는 것을 피하려면, 패스 스텝이 중복되지 않게 순서대로 만들어 주는데 프레지에 패스 스텝이 많을수록 PDF 파일의 페이지 수도 늘어난다. 따라서 인쇄 전에 환경을 생각하고 진행해 주는 것이 좋다.

그림 168 PDF 다운로드

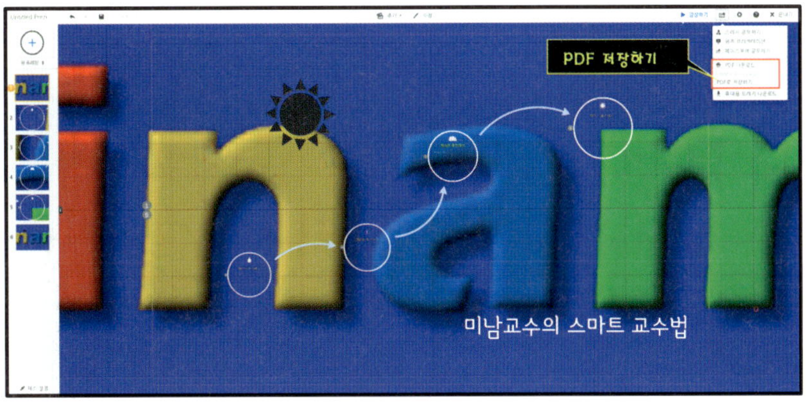

그림 169 PDF 저장하기

13. 프레지 활용하기

지금까지 살펴본 프레지에서 지원하는 다양한 활용 팁을 이용하여 간단하게 '미남교수의 프레지' 문서를 작성해 보고자 한다.

① 새로운 프레지를 클릭한다.

② 원하는 템플릿을 선택한다.

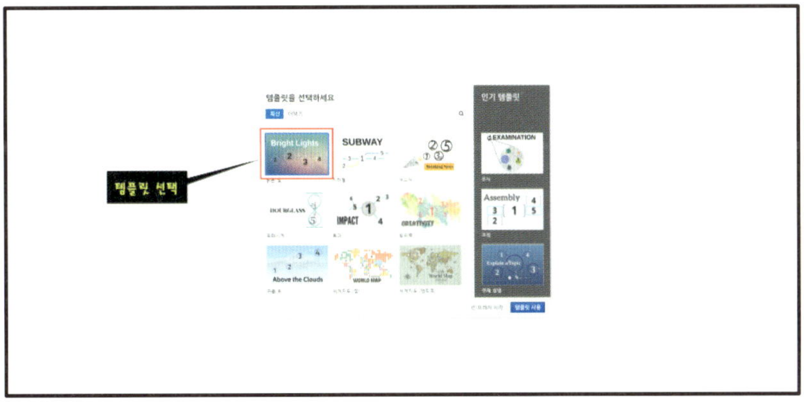

Prezi

Prezi

③ 제목을 클릭한다.

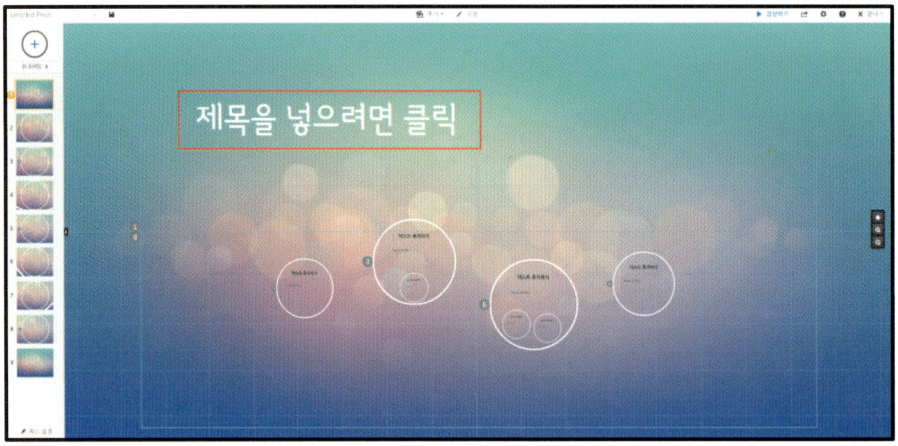

④ 제목란에 '미남교수의 프레지 활용'을 입력한다.

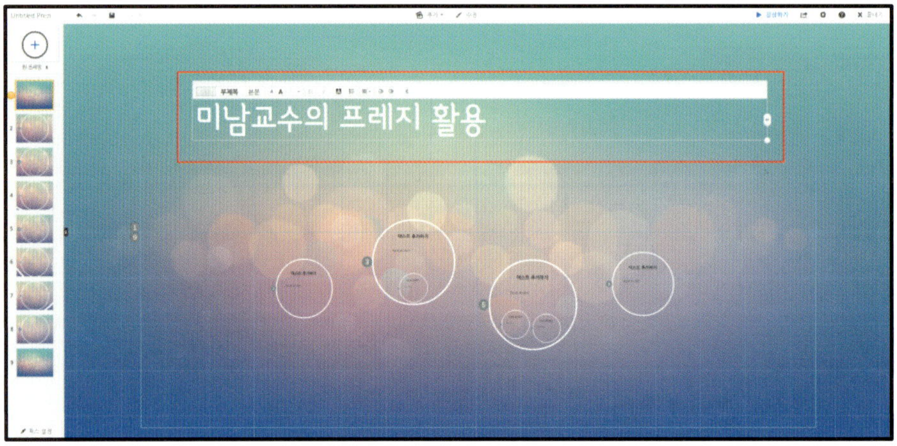

⑤ '미남교수의 프레지 활용' 제목을 편집한다.

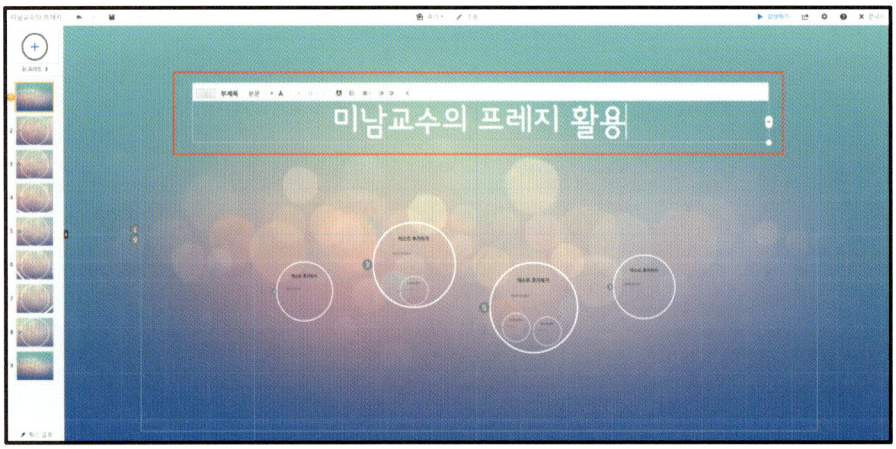

⑥ 텍스트 추가하기를 클릭한다.

⑦ 텍스트란에 '프레지'를 입력한다.

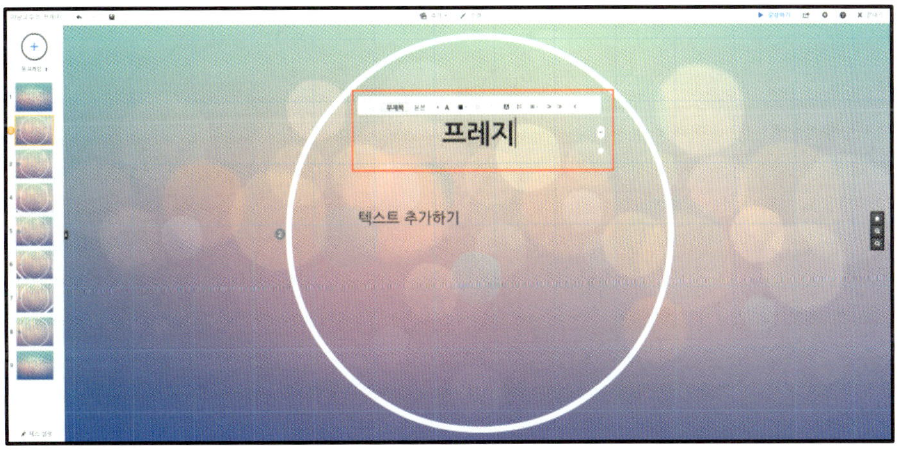

⑧ 본문 추가하기를 클릭한다.

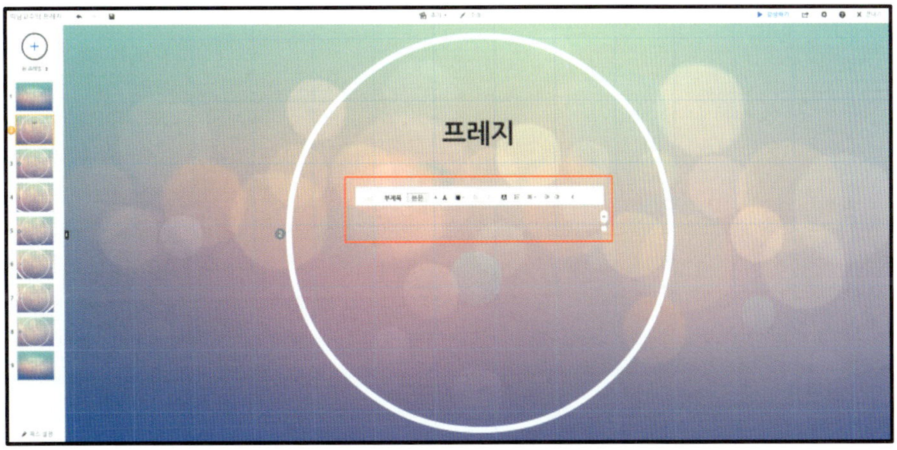

Prezi

Prezi

Prezi

Prezi

⑨ 본문에 텍스트를 입력한다.

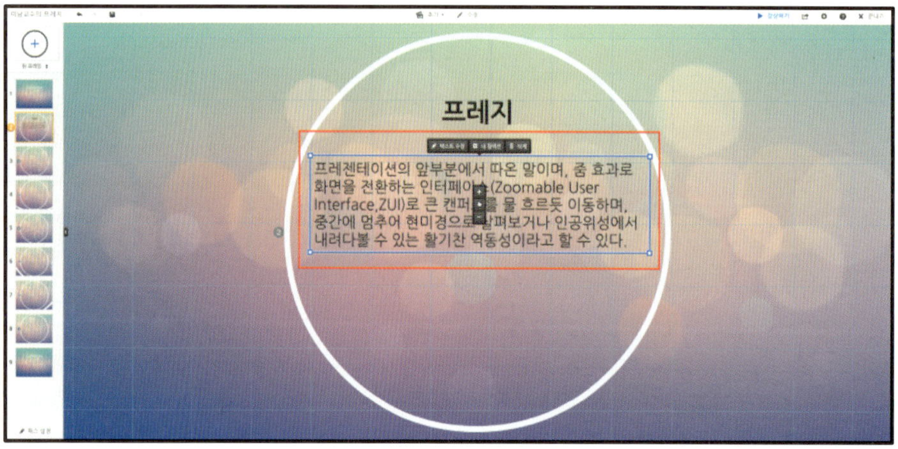

⑩ 본문 텍스트를 편집한다.

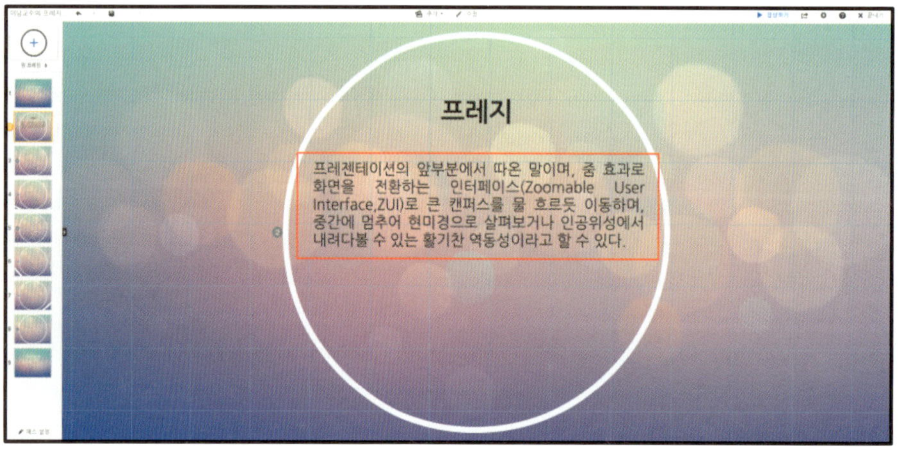

⑪ 이미지 추가를 클릭한다.

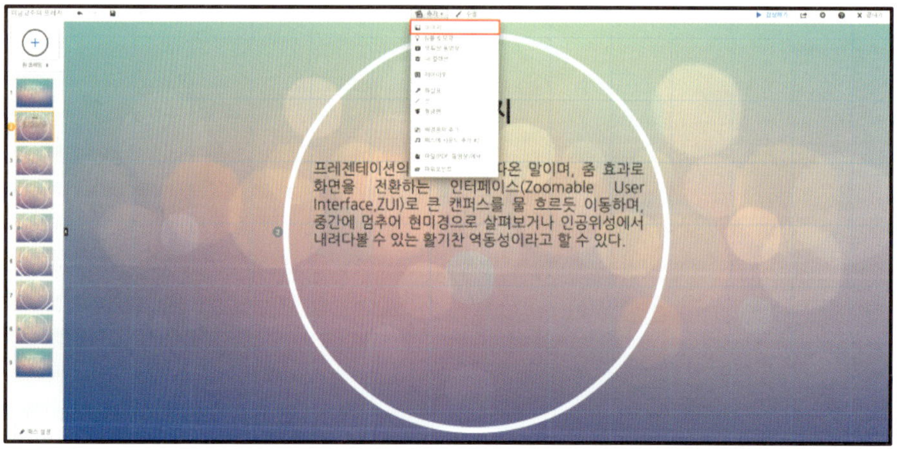

⑫ 이미지를 폴더나 웹에서 추가할 것인지 선택한다.

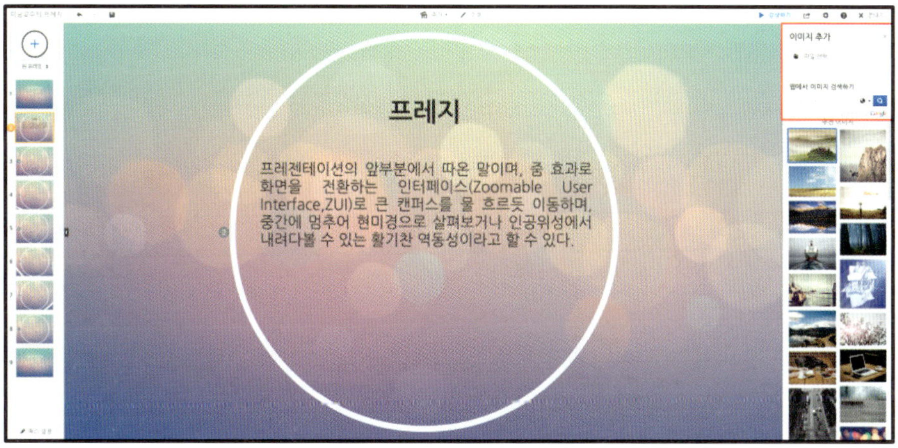

Prezi

Prezi

⑬ 웹에서 '프레지' 이미지를 선택한다.

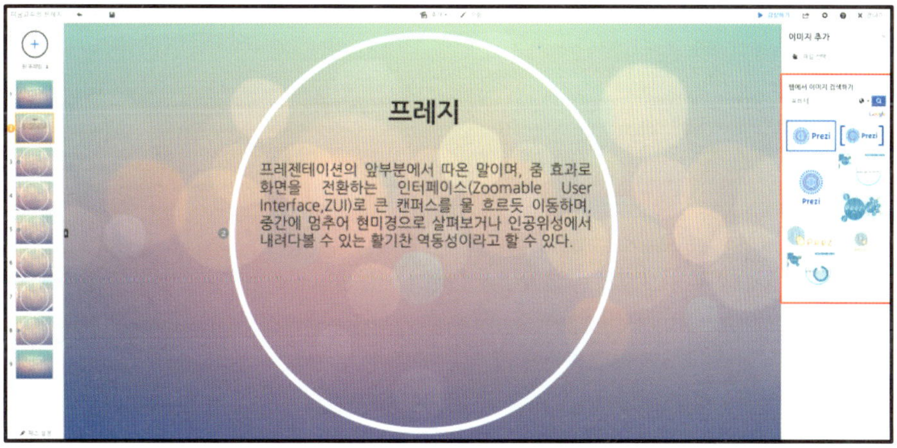

⑭ '프레지' 이미지를 불러온다.

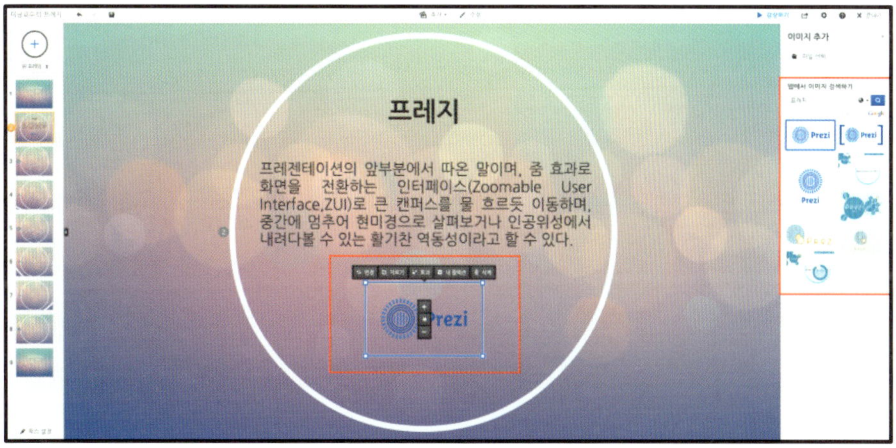

⑮ 상단 메뉴바에서 유튜브 동영상을 추가한다.

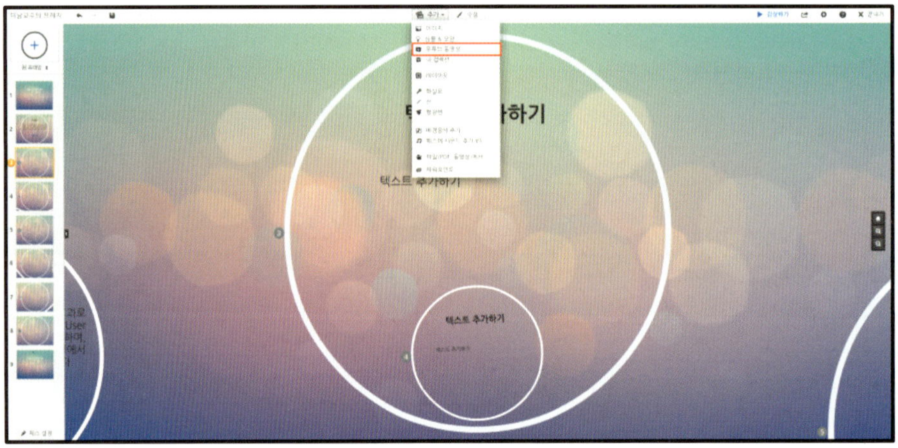

⑯ 유튜브 동영상 주소 추가하기가 나타난다.

⑰ 유튜브 동영상 URL을 붙여준다.

⑱ 불러온 동영상이 프레임에 추가된다.

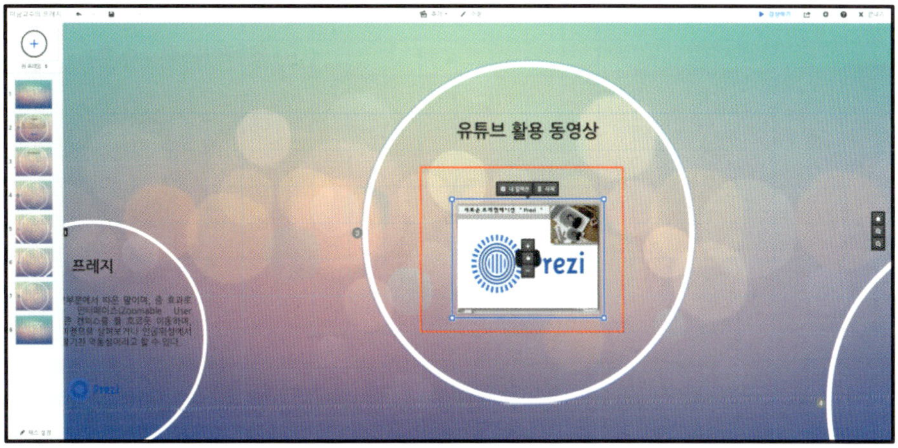

⑲ 파일 이미지를 불러온다.

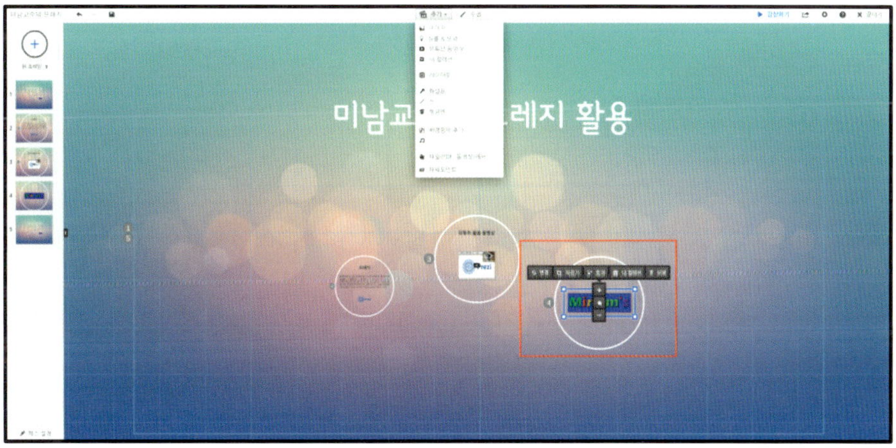

⑳ 폴더 이미지를 편집한다.

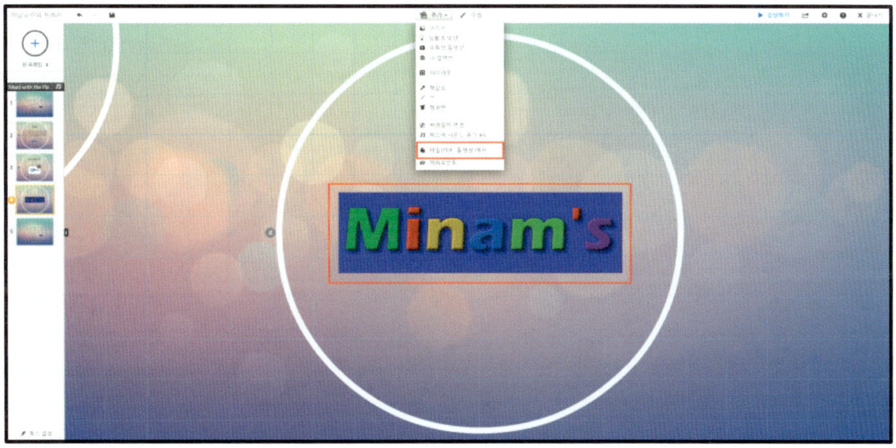

Prezi

Prezi

Prezi

Prezi

㉑ 배경음악 메뉴를 클릭한다.

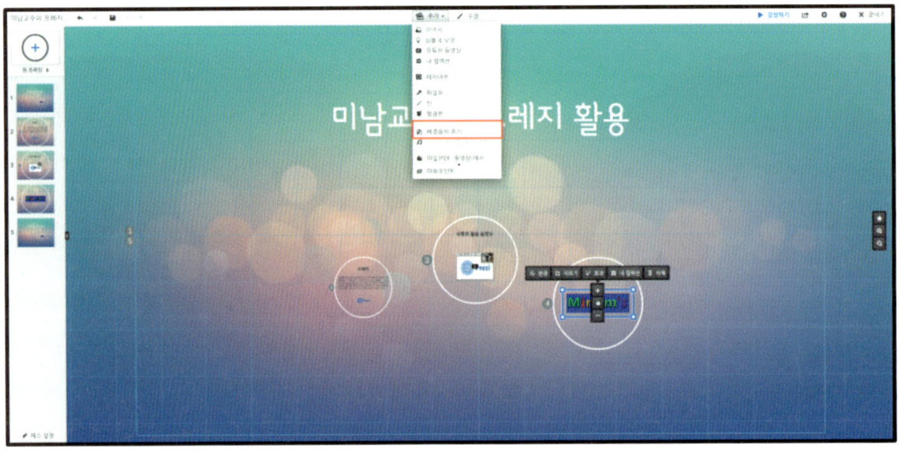

㉒ 배경음악을 선택한다.

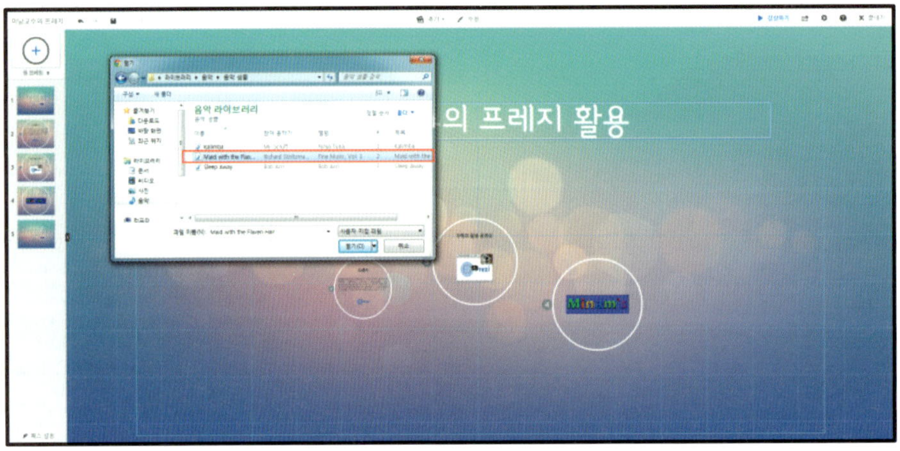

㉓ 배경음악이 추가된다.

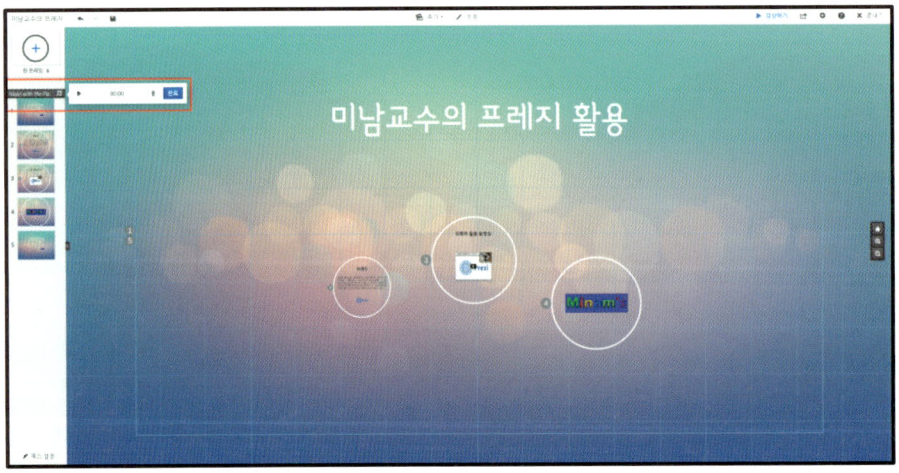

Prezi

Prezi

㉔ 사운드 패스 추가를 클릭한다.

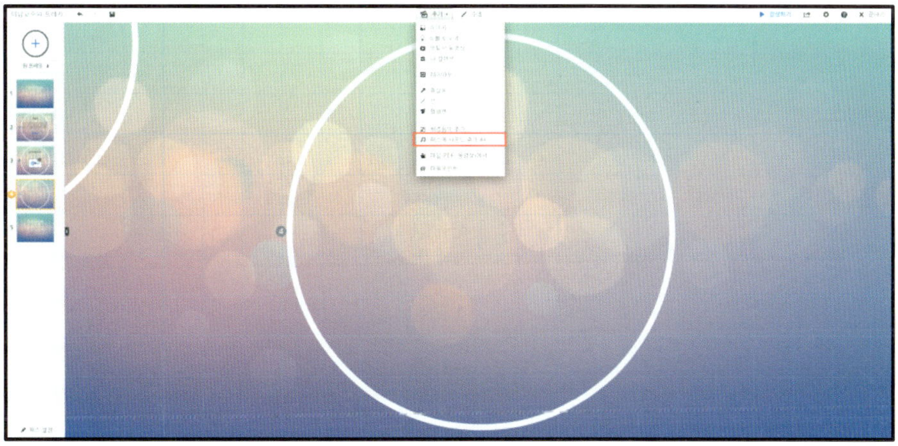

㉕ 사운드 패스에 추가할 음악을 선택한다.

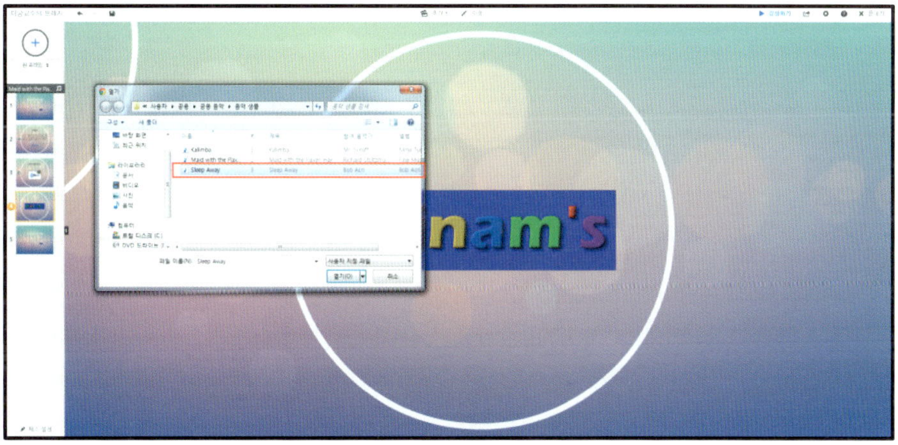

㉖ 사운드 패스 음악이 추가된다.

Prezi

Prezi

㉗ 패스 설정을 클릭한다.

㉘ 원하는 좌측 썸네일 패스를 클릭하여 페이드인 효과를 설정한다.

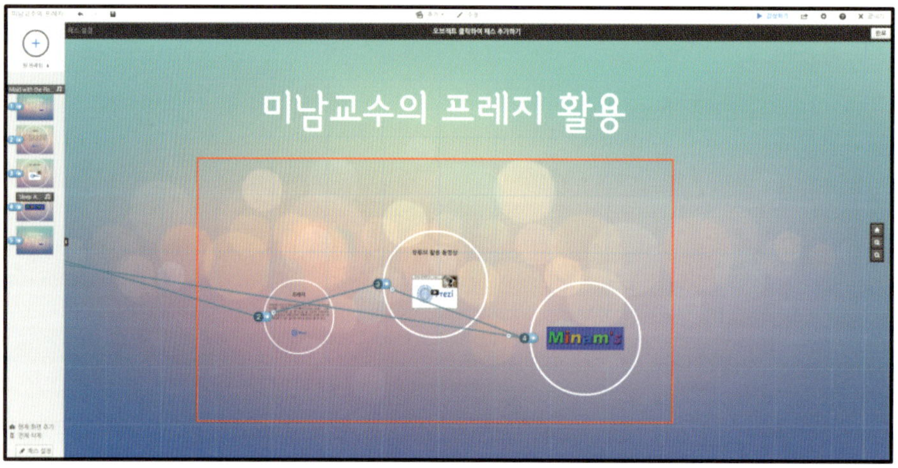

㉙ 설정된 페이드인이다.

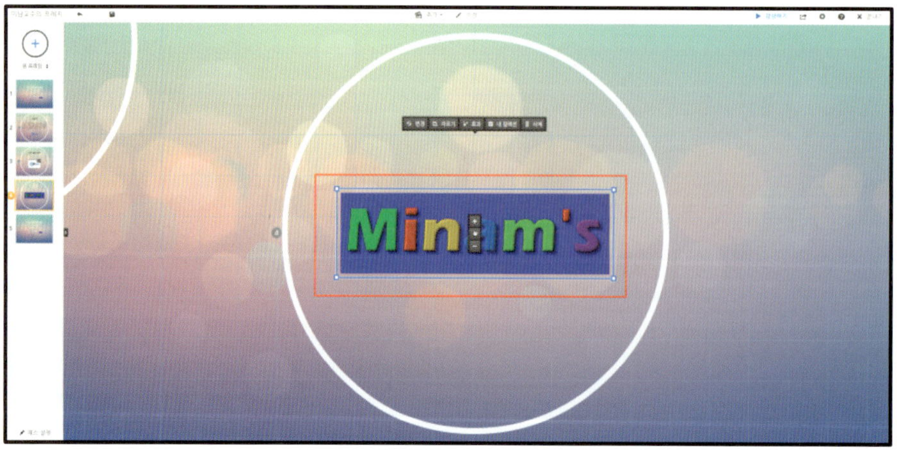

㉚ 작성 후 감상하기로 전체적인 편집을 확인한다.

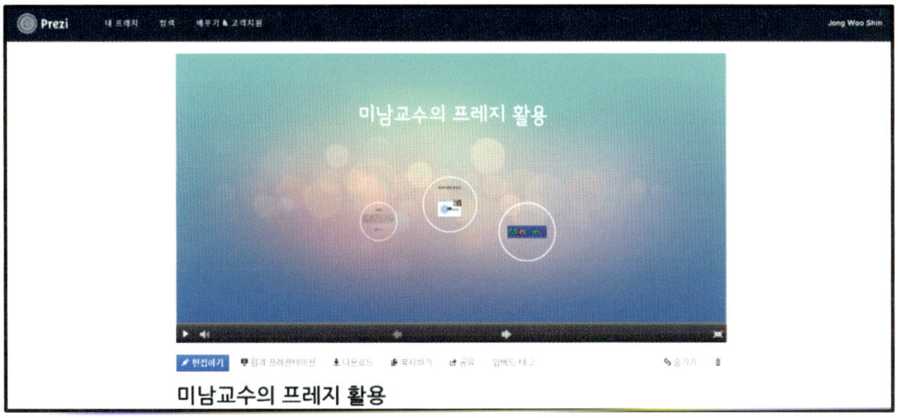

㉛ 감사하기로 확인한 다음 편집에 문제가 없는 경우 저장하기로 끝낸다.

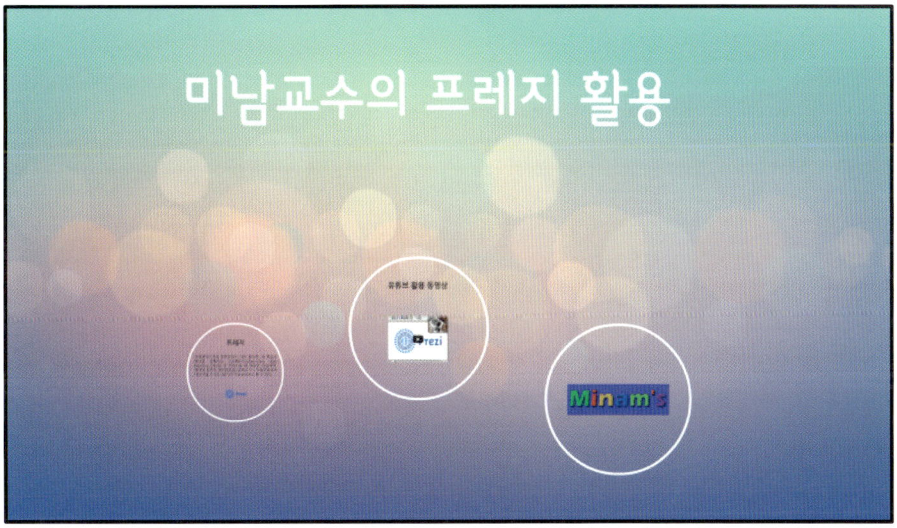

14. 프레지 용어 정리

프레지 용어 정리에서 프레지 사용 시 자주 만나게 되는 용어와 프레지에서만 사용되는 독특한 용어들을 가나다순으로 정리해 보았다.

1) 가입 해지

자동 결제되어 유료 라이선스가 자동으로 갱신되는 것을 해지하는 것을 말한다. 가입 해지하여도 프레지가 삭제되거나 프레지의 공개 범위가 변경되지 않는다.

2) 감상

화면에 보이는 것을 말한다.

3) 감상 모드

프레지 에디터에는 2가지 모드가 있는데, 감상 모드는 나의 멋진 프레지를 다른 사람들에게 보여주기 위한 깔끔한 화면을 말한다. 편집 툴이 들어 있는 상단 메뉴 및 왼쪽 패스 사이드바가 전혀 보이지 않는 경우가 감상 모드이다.

4) 결제 정보

프레지 유료 라이선스 구매를 위하여 입력하는 정보를 말한다. 결제한 비용은 더욱 멋진 프레지 경험을 제공하기 위하여 사용되고 있다.

5) 계정

내가 사용하는 프레지의 모든 것을 말한다. 내 프레지에 있는 모든 프레지, 라이선스 구매 내역 및 결제 정보, 라이선스 사용 유효기간까지 내가 사용하는 프레지의 모든 것을 내 계정에서 확인할 수 있다.

6) 고객지원 문의

프레지에서는 다른 사람을 돕고자 하는 투철한 봉사정신을 기본으로 프레지 회원이 최고의 프레지 경험을 할 수 있도록 돕는 고객지원팀의 사람들을 말한다.

7) 공개 범위 상태

누가 나의 프레지를 볼 수 있고, 없는지에 대한 설정을 말한다. 인조이, 에듀 인조이, 프로, 에듀 프로 라이선스 회원만이 공개 범위를 공개 및 비공개로 설정할 수 있으며, 퍼블릭 회원의 경우 모든 프레지는 전 세계와 공유되는 공개 상태로 설정된다.

8) 공유그룹 해제

그룹 설정의 반대로 하나의 그룹으로 설정된 여러 콘텐츠를 그룹 해제하여 다시 각각의 콘텐츠로 되돌리는 것을 말한다.

9) 괄호 프레임

2개의 괄호로 이루어진 프레임을 말한다.

10) 그룹(콘텐츠)

여러 콘텐츠를 하나의 그룹으로 묶음과 을팀 라이선스를 말한다.

11) 나가기

프레지 편집창에서 나가기를 말한다.

12) 내 컬렉션

언제든 재사용 가능하도록 내가 자주 사용하는 콘텐츠를 저장하여 모아 두는 기능을 제공한다. 상단 메뉴바 '추가' 클릭 후 '내 컬렉션'을 클릭하여 어떤 프레지에서나 캔버스로 드래그 하여 바로 사용할 수 있다.

13) 내 프레지

나의 모든 프레지를 볼 수 있는 페이지를 말한다. 내가 본 프레지 및 내가 만든 프레지, 나와 공유된 프레지 등 나의 모든 프레지를 모아둔 라이브러리이다. 로그인 시 나타나는 첫 화면을 말한다.

14) 다운로드

업로드의 반대로 인터넷에 있는 무엇인가를 내 컴퓨터 또는 모바일 기기에 넣는 것을 말한다.

15) 라이선스

이용할 수 있는 다양한 서비스이다. 프레지 라이선스를 참고하면 된다.

16) 랜딩 페이지

프레지를 편집하기 이전에 보이는 페이지로 '편집하기', '복사하기', '공유' 등 여러 버튼이 하단에 보인다.

17) 링크

일련의 텍스트로 이를 클릭 시 인터넷에 있는 어딘가로 데려다 주는 것을 말한다.

18) 무료 체험

에듀 프로 라이선스의 경우 30일간 무료체험을 이용할 수 있다. 이 기간 동안 프레지의 모든 기능을 이용해 볼 수 있으며, 오프라인 편집 툴인 '윈도우용/맥용 프레지' 기능 또한 이 기간 동안 사용 가능하다.

Prezi

19) 배경

모든 것의 뒤에 있는 이미지로 프레지에서는 일반 배경과 3D 배경이 있다.

20) 변형툴

콘텐츠를 한 번 클릭 시 나타나는 파란색 툴을 말한다. 콘텐츠 편집에 유용한 마법사 같은 툴로서 콘텐츠의 크기 조절, 회전, 이동 등 콘텐츠 편집에 핵심적인 기능이다. 일명 '지브라' 툴로 불렸던 기능이 진화하여 더욱 간단하고 사용이 쉬운 변형툴이 되었다(그림 170).

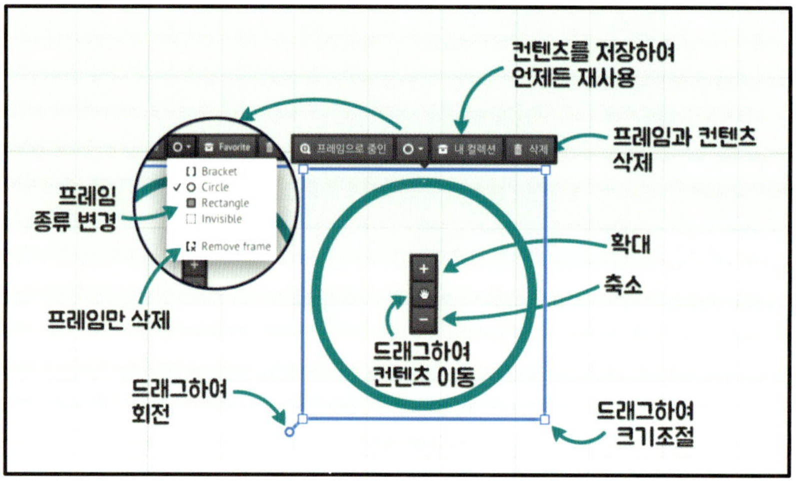

그림 170 변형툴의 기능

21) 복사하기

똑같은 것을 만들기로, 똑같지만 다른 버전을 만들 수 있다.

22) 본문

각 템플릿에 미리 설정되어 있는 3가지 폰트 중 하나로 제목, 부제목 폰트를 제외한 나머지 하나이다.

23) 부제목

템플릿에 포함된 3가지 폰트 중 하나로 제목, 본문 폰트 이외의 폰트를 말한다.

24) 삭제

지우기나 제거하기를 말한다. 프레지를 삭제할 경우 다시 복구할 수 없다. 프레지 계정을 삭제할 경우 계정에 있는 모든 프레지는 함께 삭제되어 다시 복구될 수 없다. 계정 삭제는 가입 해지와 같지 않다.

25) 상단 메뉴

프레지 에디터 창 상단에 보이는 메뉴이다. '추가'와 '수정' 두 메뉴로 간단히 구성되어 있으며, 이 상단 메뉴를 통해 프레지의 멋진 기능을 이용할 수 있다(그림 171).

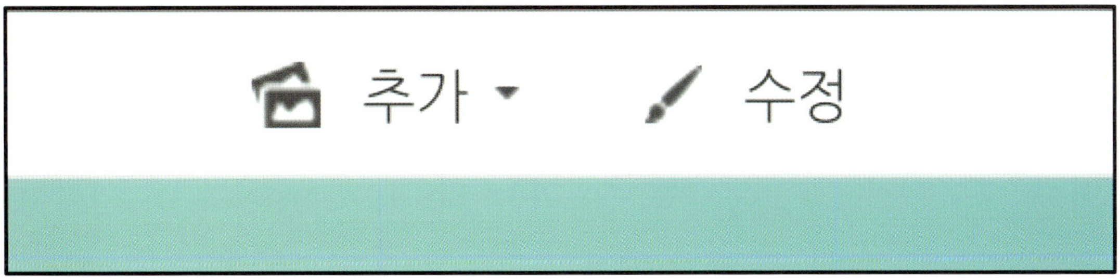

그림 171 상단 메뉴

26) 선

가리키는 방향이 없는 화살표를 말한다.

27) 수정

다르게 만들기이다.

28) 슬라이드

평면적이며 사각형으로 제한된 것이다.

27) 실행하기

시작하기이다. 프레지에서 '실행하기'란 윈도우용/맥용 프레지 앱을 다운로드 후 앱에서 로그인하는 것을 의미한다. '윈도우용/맥용 프레지' 앱을 처음으로 다운로드 한 후 오프라인에서 프레지를 만들기 위해 로그인을 통해 실행하면 된다.

30) 썸네일

큰 이미지의 축소판으로 주로 작은 이미지를 말한다.

31) 아바타

시각적으로 나를 표현한 아이콘이다. 한 프레지에서 여러 사람과 공동 작업할 때 캔버스 위에 나를 대신하여 움직이는 귀엽고 작은 아이콘을 말한다.

32) 아이패드용 프레지

아이패드에서 사용할 수 있는 프레지 앱이다.

Prezi

33) 아이폰용 프레지/아이폰용 프레지 뷰어

아이패드용 프레지와 비슷하고 더 작다.

34) 업로드

다운로드의 반대말이다. 내 컴퓨터 또는 모바일 기기에 있는 것을 인터넷으로 보내는 것을 말한다.

35) 에듀 라이선스

교육기관이나 교육 관련 기관에서 발급한 교육용 이메일이 있는 회원에게 제공되며, 할인이 적용된 라이선스이다. 2가지 종류가 있으며, 무료로 사용할 수 있는 '에듀 인조이'와 폭넓은 기능을 이용할 수 있는 유료 '에듀 프로', 팀과 회사를 위한 '에듀 팀'이 있다.

36) 에디터/프레지 에디터

프레지 편집창을 말한다.

37) 오프라인/온라인

인터넷에 연결되어 있지 않는 경우와 인터넷에 연결되어 있는 경우를 말한다.

38) 온라인 원격 프레젠테이션 링크

랜딩 페이지에서 '원격 프레젠테이션' 버튼을 클릭하면 해당 프레지 고유의 링크를 복사할 수 있다. 이 링크를 사람들에게 보낼 경우 이 링크를 받은 사람은 전 세계 어디에 있든지 내가 프레젠테이션을 진행하는 것을 실시간으로 감상할 수 있다.

39) 와이파이(Wi-Fi)

와이어리스 상태로 인터넷이 연결된 상태를 말한다.

40) 왼쪽 사이드바

편집 시 사용하는 프레지 에디터 창의 왼편에 보이며, 이 사이드바에서 청중이 보게 될 내 스토리의 순서에 해당하는 패스를 편집할 수 있다.

41) 원 프레임

원 모양의 프레임을 말한다.

42) 위자드

작은 팝업창으로 여러 옵션을 포함하고 있으며, 테마 위자드와 파워포인트 불러오기 위자드의 두 종류가 있다.

43) 윈도우용/맥용 프레지

내 컴퓨터에 다운로드 하여 이용할 수 있는 프레지 에디터이다. 한동안 '프레지 데스크탑'으로 불러왔으나 현재는 '윈도우용/맥용 프레지'로 불리고 있다. 이 앱으로 프레지 사용 범위에 제한이 없어졌다. 온라인 및 오프라인에서도 프레지를 제작, 감상이 가능해져 비행기, 심지어 보트에서도 프레지 사용이 가능하다. 물론 기차에서도 사용 가능하며, Wi-Fi가 없는 어떤 교통수단, 어떤 곳에서도 이용 가능하다.

44) 인조이 라이선스

프레지 에듀 라이선스의 한 종류로 퍼블릭 라이선스보다 넓은 저장 공간을 사용할 수 있다.

45) 자동 결제

유료 회원으로 가입하여 라이선스 이용 시 라이선스 사용 기간이 만료되면 자동 결제가 이루어지고, 라이선스가 갱신된다. 원하지 않을 경우 설정 페이지에서 언제든지 가입 해지하여 자동 결제를 해지할 수 있다. 자동 결제된 비용은 프레지가 계속해서 멋진 프레지로 유지되고, 이러한 서비스를 제공하기 위하여 사용된다.

46) 재사용

다시 사용하는 것을 의미한다. 나의 프레지를 재사용 가능하도록 설정하면(공개 범위 상태 참고) 다른 사람들은 나의 멋진 프레지를 복사하여 사용할 수 있게 된다. 다른 사람은 이 재사용 기능으로 쉽게 자신의 아이디어를 표현하고, 공유할 수 있게 된다.

47) 저장

프레지 콘텐츠가 사라지지 않고 유지된다. 내가 만들고, 편집한 프레지 내용이 사라지지 않기 위해 저장하는 것을 말한다.

48) 전체 화면

프레지가 화면 전체에 가득 차게 큰 화면으로 감상하는 것을 말한다. 멋진 프레지를 청중 모두가 감상하도록 하는 데 유용하다. 줌아웃을 하여 프레지 내용이 모두 보이는 화면을 말한다.

Prezi

49) 제목

템플릿에 포함된 3가지 폰트 중 하나로 부제목, 본문 폰트 이외의 폰트를 말한다.

50) 줌아웃

화면을 축소하여 큰 그림을 볼 수 있게 된다(큰 것을 작게 만들 수 있다).

51) 줌인

화면을 확대하여 세부 사항을 자세히 볼 수 있다(작은 것을 크게 만들 수 있다).

52) 크기 조절

사이즈를 변경할 수 있다.

53) 클라우드

내가 업로드 하는 모든 것이 저장되는 온라인 저장 공간이다. 프레지는 클라우드 기반 서비스이며, 인터넷과 연결되어 있는 어떤 컴퓨터 또는 기기에서 언제, 어디에서나 프레지 이용이 가능하다.

54) 키보드 단축키

키보드의 키의 조합으로 특정한 기능을 수행하는 것을 말한다. 자주 쓰는 기능에 대한 단축키를 알아두면 빠르고, 쉽게 그 기능을 이용할 수 있다. 프레지에서는 단축키 기능이 켜져 있어야 사용 가능하다.

55) 테마

내 프레지의 전체적 느낌을 좌우하는 배경, 색상, 폰트를 각 테마에 포함하고 있다. 상단 메뉴를 통해 Theme Wizard를 이용하여 테마를 편집하여 사용할 수 있다.

56) 테마 위자드(Theme Wizard)

테마를 내가 원하는 스타일로 편집하여 사용할 수 있는 툴이다.

57) 텍스트 박스

글을 포함하는 박스이다. 프레지의 텍스트 박스는 변형툴을 이용하여 크기, 회전, 이동이 매우 쉽다. 텍스트 클릭 시 바로 텍스트를 편집하여 사용할 수 있도록 텍스트 편집툴이 이 박스와 함께 나타난다.

Prezi

58) 템플릿

새로운 프레지의 시작점이다. 새로운 프레지를 클릭 시 여러 템플릿이 나타나며 선택 가능하다. 쉽게 프레지를 만들 수 있도록 프레지 디자이너가 미리 만들어 놓은 스토리 구조 및 디자인이다. 원하는 콘텐츠를 넣어 빠르고, 쉽게 프레지를 만들 수 있으며, 편집하여 더욱 멋진 프레지를 만들 수 있다.

59) 투명 프레임

눈에 보이지 않는 프레임이다. 편집 모드에서는 보이나 감상 모드에서는 보이지 않는다.

60) 팀 라이선스 계정

단체로 프레지 계정을 이용할 수 있으며, 팀 계정 관리자가 팀의 계정을 관리할 수 있다.

61) 파워포인트 불러오기

프레지 에디터 내에 있는 기능으로 파워포인트 파일을 프레지 캔버스로 불러올 수 있다. 평면적 슬라이드 파일을 청중이 집중하는 프레지로 쉽게 변환 가능하다.

62) 파워포인트 불러오기 위자드

파워포인트 파일을 프레지로 변환하도록 돕는 툴로 슬라이드를 프레지화할 수 있다.

63) 패스

청중이 보게 될 내 스토리의 순서이다. 슬라이드 또는 페이지와 유사한 개념으로 내 프레지가 보이는 순서를 말한다.

64) 패스 스텝

내 패스의 순서로 일부는 이를 여전히 슬라이드로 부른다.

65) 팬, 이동

프레지 캔버스를 상하, 좌우로 움직인다. 줌인, 줌아웃을 제외한 모든 방향으로 캔버스를 움직이는 것을 말한다.

Prezi

66) 페이드인 효과

마법과 같이 원하는 순간에 원하는 콘텐츠를 나타나게 하는 효과이다.

67) 편집 모드

프레지 에디터는 2가지 모드가 있다. 편집 모드는 프레지를 만들거나 수정할 때 사용하는 모드이다. 내 콘텐츠를 프레지에 추가하여 편집하는 데 필요한 모든 툴이 편집창에 보이며 '감상하기' 버튼도 이 편집 모드에서 보인다.

68) 폰트

작성하는 텍스트의 글꼴. 테마 위자드(Theme Wizard)에서 폰트를 변경할 수 있다.

69) 프레임

프레임은 프레지 경험의 핵심으로서 나의 여러 콘텐츠 위에 프레임을 추가하여 깔끔하게 콘텐츠를 정리하고, 프레지를 다음 장면으로 넘길 때 한 장면에 해당된다. 괄호, 사각, 원, 투명 프레임의 4가지 종류가 있다.

70) 프레지

주밍 및 패닝을 이용한 새로운 방식의 커뮤니케이션이다.

71) 프레지 데스크탑

프레지 에디터 오프라인 버전의 옛 이름으로 프로 회원의 경우 이용할 수 있는 앱이다. '윈도우용/맥용 프레지'로 현재는 이름이 변경되었으며, 컴퓨터로 다운로드 하여 온라인 및 오프라인, 심지어 비행기, 보트 등 언제, 어디서나 프레지를 만들고, 감상할 수 있는 프레지 앱이다. 기차에서도 사용할 수 있으며 Wi-Fi가 없는 어떤 교통수단에서도 이용 가능하다.

72) 프레지 라이선스

프레지 계정의 종류로 무료부터 유료까지 사용 목적에 따라 나에게 맞는 라이선스를 선택할 수 있으며, 회원가입을 하여 프레지를 이용할 수 있다. 무료 퍼블릭, 인조이, [에듀](#edu) 인조이, 프로, 에듀 프로, 팀 라이선스가 있으며 각 계정의 혜택에 대해 여기에서 확인 가능하다.

73) 프레지 링크

각 프레지 고유의 URL이다. 이 링크를 보내면 사람들은 내 프레지를 감상하거나 편집할 수 있으며,

원격 프레젠테이션, 감상, 편집 중 원하는 용도로 보낼 수 있다.

Prezi

74) 프레지 캔버스

깔끔하고, (빈 프레지를 선택하여 사용할 경우) 하얀 바탕의 3D 공간으로 나의 멋진 아이디어를 자유롭게 표현하며, 편집할 수 있는 공간이다.

75) 홈 버튼

에디터 오른쪽 중간에 나타나는 이 버튼을 클릭 시 프레지 전체를 한눈에 볼 수 있다.

76) 회전

중심축을 중심으로 각도를 돌리는 것을 말한다.

77) 휴대용 프레지

인터넷 연결 없이, 프레지 계정 없이 누구나 감상이 가능하다. 마술처럼 압축된 단독 프레지이다.

78) URL

Uniform Resource Locator의 약자로 주로 링크로 불리고 있다. 일련의 텍스트로 구성된 링크를 클릭 시 특정 페이지 또는 웹사이트가 열린다. '웹사이트 주소'로도 불린다. 각 프레지에는 유일한 URL이 부여되어 이 링크를 공유하면 프레지를 공유할 수 있다.

미남교수의 스토리텔링 프레지 프레젠테이션

발행일 2015년 7월 28일
저 자 신 종 우
발행인 최 용 원
편 집 이 은 의 · 장 순 임
표 지 김 애 선
발행처 **대한나래출판사**
등 록 제2012-000051호(1994.12.14)

주 소 서울특별시 성동구 성수2로 147 (성수동2가 289-319번지)
아이에스비즈타워 903호
전 화 (02) 922-7080
팩 스 (02) 922-0841
이메일 nrpub@naver.com

ISBN 978-89-5741-406-4 **정가 12,000원**